Abakar Boutou

L'assurance du commissionnaire de transport

Abakar Boutou

L'assurance du commissionnaire de transport

Éditions universitaires européennes

Impressum / Mentions légales
Bibliografische Information der Deutschen Nationalbibliothek: Die Deutsche Nationalbibliothek verzeichnet diese Publikation in der Deutschen Nationalbibliografie; detaillierte bibliografische Daten sind im Internet über http://dnb.d-nb.de abrufbar.
Alle in diesem Buch genannten Marken und Produktnamen unterliegen warenzeichen-, marken- oder patentrechtlichem Schutz bzw. sind Warenzeichen oder eingetragene Warenzeichen der jeweiligen Inhaber. Die Wiedergabe von Marken, Produktnamen, Gebrauchsnamen, Handelsnamen, Warenbezeichnungen u.s.w. in diesem Werk berechtigt auch ohne besondere Kennzeichnung nicht zu der Annahme, dass solche Namen im Sinne der Warenzeichen- und Markenschutzgesetzgebung als frei zu betrachten wären und daher von jedermann benutzt werden dürften.

Information bibliographique publiée par la Deutsche Nationalbibliothek: La Deutsche Nationalbibliothek inscrit cette publication à la Deutsche Nationalbibliografie; des données bibliographiques détaillées sont disponibles sur internet à l'adresse http://dnb.d-nb.de.
Toutes marques et noms de produits mentionnés dans ce livre demeurent sous la protection des marques, des marques déposées et des brevets, et sont des marques ou des marques déposées de leurs détenteurs respectifs. L'utilisation des marques, noms de produits, noms communs, noms commerciaux, descriptions de produits, etc, même sans qu'ils soient mentionnés de façon particulière dans ce livre ne signifie en aucune façon que ces noms peuvent être utilisés sans restriction à l'égard de la législation pour la protection des marques et des marques déposées et pourraient donc être utilisés par quiconque.

Coverbild / Photo de couverture: www.ingimage.com

Verlag / Editeur:
Éditions universitaires européennes
ist ein Imprint der / est une marque déposée de
OmniScriptum GmbH & Co. KG
Heinrich-Böcking-Str. 6-8, 66121 Saarbrücken, Deutschland / Allemagne
Email: info@editions-ue.com

Herstellung: siehe letzte Seite /
Impression: voir la dernière page
ISBN: 978-3-8417-4634-4

- ## *Avant propos*

En voulant terminer la mise en page de ce manuscrit pour qu'il puisse être publié par les Editions Universitaires Européennes sous la forme d'un livre, j'ai senti en moi la réalisation de l'un de mes nombreux rêves qui est celui de publier/ partager certaines de mes connaissances et /ou expériences de mon parcours (ma vie) assez complexe et caractérisé par des événements enrichissants qui seront ressortis dans mon œuvre autobiographique le moment venu.

Grace l'opportunité idoine que les Editions Universitaires Européennes m'offre en me proposant de publier cet ouvrage, je suis parvenu à la conclusion selon laquelle 'tout intellectuel est un auteur qui s'ignore', il suffit seulement de lui en donner l'occasion.

Par cet ouvrage j'espère pouvoir éclairer d'une part le lecteur sur les notions liées au Commissionnaire de Transport que ceratins qualifient 'd'animal difficile à saisir' et d'autre part de rappeler les techniques de base en assurance transport utiles tant aux assureurs qu'aux consommateurs des produits d'assurance en général.

Je tiens donc à remercier profondément les Editions Universitaires Européennes Européennes pour cette publication et j'exprime également ma gratitude et ma ma reconnaissance à tous mes proches qui apportent leur contribution à la réalisation de mes projets.

- **_Dédicace_**

A

- *Mon épouse Fanné Azi,*
- *Mes enfants Abba, Iyakilmé et Abouna*

Qui supportent mes absences répétées à leur coté

Sommaire :

• INTRODUCTION

Que sont-elles devenues *(ces sociétés qui ont subis des gros sinistres) ?*

Les observateurs qui se sont posés cette question n'ont certainement pas eu tort de le faire quand on se réfère aux dernières catastrophes mémorables assez commentées/médiatisées comme *"le 11 septembre 2001 « le TSUNAMI »*., et pour parler du domaine du transport de 'ERIKA', 'PRESTIGE'... ou des sinistres plus récents de mémoire tels que *"BP", "FUKUSHIMA"* ... sans oublier (toujours en transport) les navires victimes des pirateries et autres risques de guerre à l'heure actuelle à travers le monde.

A notre connaissance, aucune des sociétés n'a cessé définitivement de fonctionner à la suite de ces événements et mieux encore l'économique d'une manière générale et celle du secteur des transports en particulier n'a véritablement pas été affectée (la crise actuelle n'ayant aucun rapport avec ces événements malheureux).

La raison de la subsistance des sociétés après des sinistres et leur goût développé du risque pour entreprendre de nouveaux projets se trouverait sans doute dans les garanties que leur promettent les assureurs qu'en cas de survenance d'un tel événement malheureux, les pertes qu'elles subiraient seront compensées par des indemnités d'assurance.

Ces promesses de garantie qu'offrent les assureurs sont donc à l'origine du développement économique du monde porté par les investisseurs qui n'éprouvent alors aucune crainte dans la réalisation des grands projets.

Le développement et la prospérité des affaires de ce monde sont, à notre avis, à mettre au crédit des assureurs et dans ce sens **Henry FORD** avait déjà affirmé que : **« *New-York n'est pas la création des hommes mais celle des assureurs... sans les assurances, il n'y aurait pas de gratte-ciel, car aucun ouvrier n'accepterait de travailler à pareil hauteur en risquant de faire une chute mortelle et de laisser sa famille dans la misère. Sans les assurances, aucun capitaliste n'investirait des millions de dollars pour construire de pareils buildings qu'un simple mégot peut réduire en cendres... ».***

Facteur de développement comme nous l'avons présenté ci-dessus, l'assurance bénéficie des retombées économiques et connait une croissance remarquable et constante à l'analyse des chiffres d'affaires publiés régulièrement par la Fédération Française des Sociétés d'Assurance (FFSA). C'est surtout le cas pour l'assurance maritime et transport qui s'attend encore à des croissances pour les prochaines années du fait des échanges importants avec l'Asie selon l'analyse faite par le Pr Philippe CHALMIN au «Rendez-vous de l'assurance transport de Canne», la dernière conférence annuelle organisée en 2011 par le CESAM à l'attention des acteurs du secteur du transport.

L'histoire de la naissance de l'assurance maritime nous rappelle que dès l'Antiquité, les périls de mer ont révélé aux hommes la nécessité d'une assistance mutuelle ; c'est là le fondement de l'assurance caractérisé par le «Prêt à la Grosse Aventure» pratiqué par les phéniciens et consacré par les romains.

Sous l'influence du Droit Canon, le «Prêt à la Grosse» est prohibé en 1236 et remplacé par des conventions de vente qui sont des véritables contrats d'assurance. Au XIVe s. l'assurance moderne naît véritablement à l'initiative des négociants florentins, génois et flamands ; c'est l'apparition des notions d'assureur, d'assué et de prime. En 1681, l'Ordonnance de la Marine est édigée à l'initiative de Colbert. Les assureurs se réunissent ensuite pour partager les risques et mettre en commun leurs sources d'informations ; c'est l'avènement de la Chambre d'Assurance et de grosse aventure de France : le Club Édouard Lloyd's.

L'assurance transport de marchandise apparait toutefois comme un domaine assez technique et nécessite souvent les conseils (d'où la présence et l'importance des courtiers dans ce domaine). Il existe en effet énormément de couvertures qui nécessitent un 'know-how' indispensable (comme disait un auteur) avant d'entamer son projet de transport ou de confier ce dernier à un organisateur tel le commissionnaire de transport.

Pour ce qui est du commissionnaire de transport et l'assurance, sachons que fréquemment, pour soumissionner à un appel d'offre en vue de l'organisation d'une opération de transport ou bien au moment de passer le contrat de transport avec son client, l'opérateur de transport (généralement le Commissionnaire ou transporteur) a souvent le réflexe de dire à son contractant contractant que son entreprise est assurée. Assez couramment, l'on entend l'opérateur de transport déclarer à son client que « *pour l'assurance, ne vous tracassez pas, je suis assuré pour le transport des marchandises qui me sont confiées* ». Et puisque dans ces marchés, le volet assurance n'est pas l'objet essentiel de la négociation, l'expéditeur ne vérifie ni la nature de l'assurance dont parle son interlocuteur, ni auprès de quel assureur elle a été souscrite et ce point (pourtant très important) est généralement traité en quelques lignes voire en quelques mots dans les contrats des prestations à réaliser. Ce n'est donc qu'au moment de la réalisation du risque, c'est-à-dire quand survient un sinistre, que les parties (le client et l'opérateur de transport) découvrent parfois avec surprise l'objet du contrat d'assurance qui est censé garantir l'opération de transport.

Il faut souligner que dans le contexte actuel des affaires (les échanges), l'acteur le plus visé est le commissionnaire de transport. En effet, l'internationalisation des échanges, l'augmentation sans cesse des importations et/ou exportations des produits, le développement des sociétés transnationales ou multinationales, la signature de multiples accords ou des marchés par des pays ou entre les sociétés à l'international concrétisent fortement le sens des termes de 'mondialisation ou globalisation' très utilisés ces derniers temps dans l'économie mondiale. Et tous ces échanges commerciaux générant systématiquement des contrats de transport, le rôle que joue le commissionnaire de transport (l'un des maillons devenu de plus en plus indispensable dans la chaine de transport) est alors primordial.

La formation que nous avons suivie au Centre des Droits Maritimes et des Transports, le CDMT d'Aix-en-Provence et l'ensemble des ouvrages auxquels ce Centre nous a donné l'occasion d'y accéder, nous ont permis non seulement de comprendre d'une part que le commissionnaire de transport (qui n'est pourtant qu'un intermédiaire) est devenu un maillon très important, pratiquement incontournable pour la réalisation des déplacements des biens dans le circuit économique mondial mais d'autre part cette formation a stabilisé notre auto-conviction selon laquelle l'assurance, vu sa nécessité et le rôle qu'elle joue en cas des sinistres, s'est imposée dans nos réalités quotidiennes et est encore devenue de nos jours l'inséparable compagnon des entreprises capitalistes. Dans ce sens, nous rejoignons dans une certaine mesure **Winston Churchill** qui a déclaré à propos de l'assurance que : « **si cela m'était possible, j'écrirais le mot assurance dans chaque foyer et sur le front de chaque homme, tant je suis** convaincu que l'assurance peut, a un prix modéré, libérer les familles de catastrophes irréparables ».

En traitant le thème de *l'assurance du Commissionnaire de Transport*, les objectifs que nous cherchons à atteindre au-delà du cadre règlementaire de notre formation est à trois niveaux :

– Permettre d'abord aux trois parties en présence (c'est-à-dire l'opérateur de transport, l'expéditeur et le destinataire) et à tout autre acteur intéressé de cerner les avantages qu'il y a à souscrire l'assurance 'Tiers Chargeurs' au lieu de se contenter seulement de l'Assurance de la Responsabilité Civile du Commissionnaire de Transport ou du Transporteur.

– Fournir ensuite aux acteurs de l'industrie d'assurance notamment les assureurs et les intermédiaires d'assurance (en décrivant les risques liés à la commission de transport) des éléments d'appréciation du risque qui sont nécessaires pour l'établissement des fiches de proposition d'assurance ou bien des cotations des risques à assurer.

- Et enfin, essayer d'éclairer les lecteurs sur les spécificités des contrats qui sont à la disposition du commissionnaire de transport (contrat couvrant les dommages matériels aux marchandises et contrat de responsabilité civile de l'opérateur de transport bien que quelquefois la lisière entre les deux garanties n'est pas assez visible). Nous essayons également de rappeler et clarifier les notions du commissionnaire de transport et celles qui lui sont proches d'une part et des notions liées aux techniques d'assurance transport et maritime d'autre part.

D'emblée, faut-il le dire clairement que nous ne prétendons pas à une étude exhaustive de ce sujet vu le domaine très étendu des notions combinées du commissionnaire de transport et de l'assurance. Cette dernière surtout étant qualifiée par certaines personnes de complexe d'une manière générale et son volet transport en particulier quant à lui est taxé ou caractérisé par une certaine opacité dans les termes et les clauses qui le régissent.

Ainsi, pour atteindre les objectifs énumérés ci-haut qui ont motivé le choix de ce ce thème, nous nous sommes inspiré de notre expérience professionnelle dans dans le secteur de l'assurance transport et nous avons surtout (dans nos recherches) puisé les éléments nécessaires à travers l'exploitation des nombreux nombreux ouvrages généraux et spécifiques en droit, assurance, gestion des risques et autres. C'est ce qui a rendu possible la réalisation de cet ouvrage qui, en parlant du commissionnaire de transport, ne vise que le commissionnaire au sens français du terme (nous névoquerons pas par exemple le 'spéditeur' allemand, 'commissaire-expéditeur' en Belgique, du 'spedizionniere' d'Italie ou du commissionnaire espagnol...) Et, en traitant de l'assurance dans ce manuel, nous sous-entendons qu'il s'agit des polices françaises d'assurance sans comparaison avec celles des autres marchés (anglais et autres). Et en plus, tout au long de notre développement, nous utiliserons indifféremment les termes de commissionnaire de transport, de transporteur ou d'opérateur de transport du fait de leur connexité juridique et de de leur confusion dans la pratique tant en transport qu'en assurance.

De nos recherches nous retenons que l'assurance est définie comme étant **« un contrat en vertu duquel, moyennant le paiement d'une prime fixe ou variable, une partie l'assureur, s'engage envers une autre partie, le preneur d'assurance, à fournir une prestation stipulée dans le contrat au cas où surviendrait un évènement incertain que, selon le cas, l'assuré ou le bénéficiaire a intérêt à ne pas voir se réaliser »** et l'assurance transport étant définie comme : **«une convention par laquelle les assureurs s'engagent, moyennant paiement d'une prime par les assurés, à indemniser ceux-ci ou les porteurs de mandat au cas où un dommage est subi suite à un évènement fortuit appelé risque et qui est couvert au terme dudit accord ».** De l'autre cote, le code des transports français (promulgue en 2010) définit le commissionnaire de transport comme suit : **« les personnes qui organisent et font exécuter sous leur responsabilité et en leur propre nom un transport de marchandises selon les modes de leur choix pour le compte de leur commettants».**

Il existe en pratique une multitude de contrats d'assurance pour garantir les marchandises suivant qu'elles se trouvent en entrepôt, en stock ou en cours de de transport et ces différentes activités (entreposage, stockage, transport) étant étant toutes ou presque exercées par les commissionnaires de transport se pose alors des questions relatives à 'l'assurance du commissionnaire de transport'. Quels sont les risques couverts ? Quels types d'assurances trouve-trouve-t-on chez le commissionnaire ? Quels avantages a-t-on dans cette assurance ? Autant d'interrogations dans ce domaine qui méritent d'être étudiées

étudiées et pour y répondre nous traiterons d'abord dans cet ouvrage les risques risques liés aux activités du commissionnaire de transport (**première partie**) suivis ensuite de la question relative aux couvertures d'assurance du commissionnaire de transport (**deuxième partie**).

PREMIERE PARTIE :

LES RISQUES LIES AUX ACTIVITES DU COMMISSIONNAIRE DE TRANSPORT

Des diverses définitions convergentes d'ailleurs que l'on retrouve pour la notion notion du risque, nous retenons que le risque est un élément futur (par rapport à rapport à la conclusion du contrat) et incertain ; c'est un aléa pris en considération considération parce qu'il sera générateur de dommages dont l'assuré entend pallier pallier les effets pécuniaires fâcheux. Les risques auxquels nous faisons allusion dans ce mémoire sont ceux susceptibles d'avoir des effets défavorables défavorables significatifs sur l'activité, la situation financère, les résultats ou le le développement de l'entreprise, les effets s'entendant ici comme des dommages. Nous distinguerons dans cette partie les risques juridiques (Chapitre 1) des risques professionnels (Chapitre 2) et à titre illustratif, nous pésenterons à la fin une ébauche d'une cartographie des risques.

CHAPITRE I : RISQUES JURIDIQUES ET RESPONSABILITES DU COMMISSIONNAIRE DE TRANSPORT

Le commissionnaire de transport prend l'engagement et la responsabilité de faire transporter les marchandises qui lui sont remises par un commettant.
Il exécute les transports en son nom propre et sous sa responsabilité. C'est ainsi qu'il conclut pour une même opération un contrat de commission avec son son client ainsi qu'un ou plusieurs contrats avec les sous-traitants. D'autre part, la jurisprudence a depuis longtemps posé le principe selon lequel les professionnels ont un devoir de conseil à l'égard de leur client[1]. Ce devoir de conseil comme les autres obligations du commissionnaire se manifestent lorsque ce dernier agit tant en sa qualité de commissionnaire de transport (section 1) qu'en sa qualité de commissionnaire en douane (section 2).

Section 1 – le commissionnaire de transport

Pour mieux appréhender les risques juridiques liés en sa qualité de commissionnaire de transport, il convient d'étudier d'abord les notions qui le qualifient (A) et de voir ensuite le volet relatif à ses responsabilités (B).

A) Notions et définitions du Commissionnaire

Le commissionnaire de transport est un « Intermédiaire professionnel qui se charge de faire exécuter, sous sa responsabilité et en son nom propre, un transport de marchandises pour le compte d'un client, en disposant du libre choix des modes ou au moins des entreprises de transport ». Mais la notion de de commissionnaire de transport s'apprécie différemment selon qu'on est en droit interne ou à l'international.

---

[1] CA d'Aix-en-Provence, 28 juin 2005. BTL 2006, P 251. DMF hors-série n°11, juin 2007, P.53. Droit positif français 2006.

1) Au plan interne

Depuis la Loi d'Orientation des Transports Intérieurs (LOTI) intervenue en 2003 «...sont considérées comme commissionnaires de transport (...) Les personnes qui assurent, pour le compte d'autrui, des opérations de groupage, d'affrètement ou toutes autres opérations connexes à l'exécution de transport de marchandises ou de déménagement.»

Dans son article L1411-§1, le Code des transports le définit également comme étant *« les personnes qui organisent et font exécuter, sous leur responsabilité et en leur propre nom, un transport de marchandises selon les modes de leur choix pour le compte d'un commettant ».*

Le commissionnaire est donc :

- Un opérateur, ce qui le distingue du transporteur proprement dit ;
- Un organisateur, ce qui implique une liberté suffisante dans le choix des modes et entreprises de transport et le différencie du simple mandataire qu'est le transitaire ;
- Il conclut en son nom personnel les contrats nécessaires à la réalisation de l'opération de transport.

L'intervention d'un commissionnaire de transport amène donc la superposition de deux contrats : l'expéditeur et le commissionnaire sont liés par un contrat de commission de transport, alors que le contrat de transport proprement dit est conclu entre le commissionnaire et le transporteur.

a) Distinction entre commissionnaire de transport et transitaire

Alors que le voiturier exécute lui-même le transport qui lui est confié et que le simple mandataire qu'est le transitaire n'a qu'une mission limitée de réception et et de réexpédition des marchandises selon les instructions qu'il reçoit, le commissionnaire se charge d'organiser et de faire exécuter tout ou partie du transport. Mais, pour mériter réellement ce titre d'organisateur et la qualité juridique de commissionnaire de transport qui en découle, il est nécessaire que que l'entreprise dispose d'une liberté suffisante en ce qui concerne le choix des modes et entreprises de transport. Dès lors que l'intermédiaire n'a pas une une telle latitude dans l'organisation de l'opération la qualification de transitaire transitaire doit être retenue.

b) Liberté de choix des voies et moyens pour le commissionnaire

La commission de transport se caractérise par la maîtrise des voies et des moyens et le libre choix des voituriers ou autres intermédiaires dont le concours est nécessaire. C'est ce critère qui distingue fondamentalement le commissionnaire du simple transitaire.

La qualité juridique de commissionnaire de transport sous-entend qu'une entreprise dispose d'une liberté suffisante en ce qui concerne le choix des modes et entreprises de transport ou des autres intermédiaires ; à défaut d'une telle latitude dans l'organisation de l'opération, c'est la qualification de transitaire qui doit être retenue.

c) Intérêts de la distinction entre commissionnaire et transitaire

La distinction entre commissionnaire et transitaire débouche sur toute une série d'intérêts juridiques et pratiques importants. Alors que le commissionnaire est garant de ses substitués parce qu'il les a choisis et supporte une lourde présomption de responsabilité, le transitaire ne répond que de sa seule faute personnelle prouvée. La prescription annale de l'article L. 133-6 du Code de commerce s'applique à l'action contre le commissionnaire, alors que l'action contre le transitaire relève de la prescription de droit commun. Enfin, le transitaire ne bénéficie pas du privilège étendu que l'article L. 132-2 du Code de commerce confère au commissionnaire.

d) Notion de groupage

Le groupage consiste à réunir des envois provenant d'expéditeurs différents, ou adressés à des destinataires différents, pour constituer un seul lot qui est remis globalement à un transporteur. Ce lot est envoyé par le groupeur à une de ses agences ou à un correspondant, qui, après réception, procède au « dégroupage » en faisant suivre à chaque destinataire la partie du lot qui lui revient.

L'opération donne lieu, de la part du groupeur, à un contrat distinct avec chacun chacun des expéditeurs et à un contrat unique avec le transporteur pour l'envoi l'envoi collectif. Les envois constitués en groupage sont généralement des envois

envois de détail (messagerie), mais rien n'interdit à un commissionnaire d'incorporer une expédition de plusieurs tonnes dans un groupage.

Le groupage étant une activité de commissionnaire de transport, les dispositions qui réglementent cette activité ne s'appliquent pas aux industriels et commerçants qui groupent eux-mêmes leurs expéditions sans intermédiaire, en adressant le lot ainsi constitué à un correspondant (plate-forme de distribution, par exemple) chargé d'opérer la répartition entre les différents destinataires partiels.

e) Principes et textes en droit français sur la commission de transport

Les principes de responsabilité du commissionnaire « qui se charge d'un transport » sont fixés par les articles L. 132-4 à L. 132-6 du Code de commerce ainsi libellés :

- Art. L. 132-4. - Il est garant de l'arrivée des marchandises et effets dans le délai déterminé par la lettre de voiture, hors les cas de la force majeure également constatée.
- Art. L. 132-5. - Il est garant des avaries ou pertes de marchandises et effets, s'il n'y a stipulation contraire dans la lettre de voiture, ou force majeure.
- Art. L. 132-6. - Il est garant des faits du commissionnaire intermédiaire auquel il adresse la marchandise.

De ces textes découlent, soit immédiatement, soit implicitement, les cinq éléments fondamentaux du régime de responsabilité du commissionnaire de transport, à savoir :

i.   Le commissionnaire est tenu d'une obligation de résultat envers son client. Sa responsabilité est donc, à la base, identique à celle du transporteur.

ii. Dans le cadre de cette obligation de résultat, le commissionnaire assume une double responsabilité : de son fait personnel et du fait de ses substitués. Ce système est spécifiquement français et que, dans nombre de pays voisins, le commissionnaire n'assume au contraire qu'une simple obligation de moyens et ne répond que de ses fautes personnelles.

14

iii. Lorsqu'il est recherché en raison du fait d'un substitué, le commissionnaire ne peut pas être plus responsable vis-à-vis de son client que le substitué fautif ne l'est également envers lui-même.

iv. Garant de ses substitués, le commissionnaire dispose d'un recours à leur encontre.

v. Contrairement à celle du voiturier, la responsabilité du commissionnaire de transport n'est pas d'ordre public, ce qui l'autorise à décliner ou limiter toute garantie pour telle ou telle opération particulièrement délicate. Pour être valables, de telles exonérations ou limitations, qui ne sont pas légales mais conventionnelles, doivent avoir été connues et acceptées par l'expéditeur lors de la conclusion du contrat. Elles tombent en cas de faute inexcusables.

2) Commission de transport international

Il faut ici distinguer les rapports du commissionnaire avec, d'une part, son client et ses confrères commissionnaires substitués, d'autre part, les transporteurs et les éventuels intervenants « de liaison » (entrepositaires, manutentionnaires, etc.).

En cas de contrat de commission conclu en France ou entre parties de nationalité française, ce sont normalement les articles L. 132-4 et suivants du Code de commerce qui vont s'appliquer entre le client et le premier commissionnaire, ainsi que, le cas échéant, entre le client et les commissionnaires intermédiaires et dans les rapports des commissionnaires successifs entre eux.

Les rapports du commissionnaire avec les transporteurs, dépositaires, etc., auxquels il a fait appel seront gouvernés par la législation spéciale applicable au transport ou à la prestation considérés : CMR, CIM, Conventions de Montréal et de Varsovie, Convention de Bruxelles de 1924, etc., voire droit national du substitué. On aboutit ainsi à une juxtaposition de contrats et à une dualité de régimes juridiques qui se trouve tempérée par le principe selon lequel le commissionnaire ne peut pas être plus responsable que ne l'est également son substitué.

Par le jeu de ce principe, le commissionnaire bénéficie en effet indirectement des exonérations et limitations de responsabilité que le transporteur puise dans la convention internationale applicable et sa responsabilité se calque ainsi finalement sur celle de son substitué.

Le règlement CEE n° 44/2001 et la Convention de Lugano du 16/09/88 écartent écartent les règles françaises de compétence lorsque les parties en cause résident résident sur le territoire d'un des Etats membres de l'Union européenne ou de l'AELE[2]. Sont alors normalement compétents, outre les tribunaux de l'Etat du domicile du défendeur, le tribunal du lieu où l'obligation a été ou doit être exécutée, le exécutée, le tribunal du lieu de situation d'un établissement secondaire, le tribunal du lieu où le fait dommageable s'est produit ou risque de se produire, et plus généralement tout autre tribunal choisi par les parties.

La convention des Nations unies sur le transport multimodal de marchandises dont le but est de couvrir de bout en bout par un contrat et un document uniques les transports internationaux de marchandises effectués par au moins deux modes de transport différents, a été adoptée le 24 mai 1980 à Genève, mais n'est pas encore en application, faute du nombre requis de ratifications. Elle intéresse essentiellement les rapports de l'expéditeur et du commissionnaire de transport, baptisé «entrepreneur de transport multimodal». La convention de Rome du 19 juin 1980, relative à la loi applicable aux obligations contractuelles, a vocation à régir le contrat de commission de transport. Il ressort de son article 4 que, sauf choix différent des parties, ce contrat relève de la loi du pays où le commissionnaire possède son établissement principal quand celui-ci coïncide avec le pays du lieu de chargement ou de déchargement.

Nous avons vu que tant au plan interne qu'international, le commissionnaire de transport revêt des régimes juridiques dans lesquels sa responsabilité peut être recherchée

---

[2] Association Européenne de libre-échange

B) Responsabilité du commissionnaire de transport

Il est nécessaire de rappeler que le commissionnaire conclut avec son client un contrat de commission et avec le ou les transporteurs, un contrat de transport. Le commissionnaire est tenu d'une obligation de résultat et il assume une double responsabilité : il répond de son propre fait mais aussi du fait de ses substitués.

1) Responsabilité personnelle du commissionnaire de transport

Il est garant de l'arrivée des marchandises dans le délai déterminé (*CA Versailles, 9 oct. 2003, BTL 2004, p. 106. DMF 2005, n° 9 supplément (Le droit positif français 2004*) par la lettre de voiture ainsi que des avaries ou pertes, sauf stipulation contraire dans la lettre de voiture et le vice propre ou la force majeure conformément aux articles L.132-4 et L.132-5.

Il répond des fautes commises dans l'accomplissement des tâches matérielles ou administratives dont il a la charge. Sa responsabilité personnelle sera engagée, chaque fois qu'il aura manqué à un des devoirs généraux de sa profession, dont le premier est d'agir en toute circonstance au mieux des intérêts de ses clients en respectant les instructions données par ces derniers.

Il a également un devoir de conseil et d'information à l'égard de ses clients, qui s'applique avec moins de force vis à vis de ses clients expérimentés mais qui s'exerce dans les limites de sa compétence spécifique (*CA Aix-en-Provence, 28 juin 2005. BTL 2006, p. 251. DMF hors-série n° 11, juin 2007, p. 53. Droit Positif français 2006*).

Par contre, la Cour de cassation retient que le commissionnaire n'a pas à demander à son client s'il souhaite souscrire une assurance pour une marchandise chargée en pontée (*C. Cass., 5 déc. 2006. BTL 2007, p. 12.*)

Pour éviter les abus, les clauses limitatives pour être valables, doivent être apparentes et explicites et avoir été acceptées par le commettant lors de la conclusion du contrat.

Il existe des causes d'exonération qui sont la force majeure (*CA Versailles, 23 févr. 2006. BTL 2006, p. 184 (vol avec agression alors que le chauffeur roulait sur la route)*, prévues par le code de commerce ainsi que le vice propre (*CA Versailles, 20 févr. 2003, BTL 2003, p. 460 (condamnation vice propre non démontré)* de la marchandise et la faute de l'expéditeur.

➢ **Quelques exemples d'obligations principales pouvant engager la responsabilité du commissionnaire de transport** :

- Le choix du transporteur *(Cass. Com., 19 oct. 1993, n° 91-20.689. BTL 1993, p. 790 (choix d'un transporteur incompétent)* ou du navire et les moyens et conditionnements utilisés (CA Rouen, 20 déc. 2001, DMF 2002, p. 515);

- Le contrôle de la présence et de la régularité de tous les documents nécessaires à la bonne fin de l'ensemble de l'opération, qu'ils aient été établis par lui-même ou réunis par son client (CA Paris, 11 janv. 2005. BTL 2006, p. 48 (faute personnelle engagée pour n'avoir pas vérifié la conformité du nombre des colis lors de la remise au voiturier).

- Le suivi du bon déroulement de l'opération *(CA Versailles, 12ème ch. Sect. 2, 29 mars 2007, n° 06-01430. DMF 2008, n° 694.)*

- L'information du sous-traitant de la nature sensible de la marchandise ;

- L'information au client des difficultés d'exécution rencontrées ;

- La conservation des droits et recours de son client *(CA Rouen, 2ème ch. Civ., 16 déc. 2004. DMF 2005, n° 664, nov. 2005.)*

- Faute inexcusable, chargement en pontée contrairement aux instructions de son client *(CA Orléans, 9 avril 2004. DMF 2004, n° 649, juin 2004.)*

- Faute lourde pour défaut de gardiennage *(TC Marseille, 20 juin 2003, Revue Scapel 2003, p. 65.)*

Ainsi, le commissionnaire de transport ne bénéficie d'aucune limitation légale d'indemnité en cas de faute personnelle, sauf en cas d'une limitation conventionnelle, à savoir sa propre limitation.

L'article L 132-5 du Code de commerce, n'étant pas d'ordre public, lui permet en effet de limiter sa responsabilité au titre des pertes et avaries ou tout simplement de l'exonérer et ce, même en cas de faute, mais sous réserve de la faute inexcusable.

2) **Responsabilité du fait des substitués**

L'article L 132-6 du Code du commerce dispose que le commissionnaire répond de tous les prestataires de services auquel il fait appel. Il est donc responsable du fait des différents intervenants qui coopèrent à l'exécution du transport. Il ne peut se dégager de sa responsabilité sous prétexte qu'il n'a pas personnellement commis de faute *(Cass. Com., 24 juin 2003, pourvoi 01-12.839. BTL 2003, p. 547.)*

Toutefois, cet article n'étant pas d'ordre public, il sera possible au commissionnaire de transport de s'exonérer de sa responsabilité du fait de ceux qu'il se substitue (Cass. Com., 3 déc. 2003, n° 02-10.413, Lamyline.)

Il pourra néanmoins opposer au donneur d'ordre :
- Les clauses légales d'exonération dont bénéficie le transporteur substitué ;

- Les limitations de responsabilité applicables au mode de transport considéré (CA Aix-en-Provence, 17 juin 1993, Lamyline.)
- La fin de non-recevoir que lui oppose le transporteur *(CA Rouen, 16 déc. 2004. BTL 2004, p. 309 (Lettre de réserve tardive).*
- La forclusion ou prescription acquise au transporteur.

Par contre, il ne peut opposer le bénéfice de la limitation de responsabilité prévue prévue par la Convention du 25 août 1924 et la Convention LLMC[3] du 19 novembre 1976 que pourrait lui opposer le propriétaire du navire *(CA Paris, 5ème ch., sect. A, 17 oct. 2007. DMF 2008 n° 690.)*

Le commissionnaire n'est garant de son intermédiaire que s'il l'a lui-même choisi librement. Il ne répond pas de l'inexécution d'engagements qu'il n'a pas personnellement contractés avec son client et la garantie du commissionnaire de transport ne s'exerce que dans le seul cadre du contrat de transport.

---

[3] Limitation of Liability for Marine Claims

> **Responsabilité du commissionnaire et assurance**

Le commissionnaire n'a pas à prendre l'initiative d'assurer la marchandise mais, si son client lui demande de le faire, il doit exécuter avec soin et discernement les instructions reçues à cet effet.

En tant que professionnel du transport international, il doit, par exemple, savoir que certains pays exigent que l'assurance soit contractée auprès de leur compagnie nationale.

S'il omet de souscrire l'assurance demandée, le commissionnaire doit payer à à son client une somme égale à l'indemnité que celui-ci aurait dû normalement normalement recevoir de l'assureur.

Section 2 - Le commissionnaire en douane

Il convient d'une part de préciser la notion et la qualité du commissionnaire en douane par rapport aux autres auxiliaires et d'autre part d'évoquer sa responsabilité.

A) Notion et qualité du commissionnaire en douane

Dans la pratique on observe une forte confusion dans les activités exercées par les auxiliaires de transport liée au fait que c'est les mêmes gens qui les exercent et par abus on les qualifie de commissionnaire de transport. Juridiquement, une distinction doit être opérée car les responsabilités en dépendent.

1) Le commissionnaire en douane : ni transitaire, ni commissionnaire de transport

La réglementation douanière constitue un ensemble complexe de formalités, contrôles et interdictions qu'il est difficile de connaître ou de maîtriser. C'est pourquoi, importateurs et exportateurs en délèguent très souvent l'accomplissement à des commissionnaires agréés en douane, techniquement qualifiés.

Le commissionnaire en douane accomplit directement, au nom et pour le compte de son client, ou indirectement, en son nom, mais pour le compte de son client, des formalités douanières. Il intervient s'il y a lieu pour aplanir les difficultés qui pourraient se présenter. La vocation première de cet opérateur est donc de décharger ses clients de tout souci au sujet d'une réglementation, qu'en raison de sa spécialisation, il est censé bien connaître.
Agissant uniquement en cette qualité, le commissionnaire agréé en douane n'est n'est ni un transitaire, ni un commissionnaire de transport. Que l'activité principale d'une entreprise consiste à recevoir ou à entreposer des marchandises (transitaire) ou à les faire acheminer à destination par des transporteurs (commissionnaire de transport), lorsqu'elle accomplit des formalités en douane pour le compte de son client, elle assume du fait de l'exécution de cette seule mission une responsabilité qui lui est propre, différente différente de celle qu'elle peut encourir pour les fautes qu'elle pourrait commettre en tant que transitaire ou commissionnaire de transport. Le régime régime de la prescription devient alors lui aussi différent.

21

2) La commission en douane : représentation directe et indirecte.

Longtemps, la jurisprudence a uniquement qualifié le commissionnaire agréé en douane de mandataire. Dès lors, les rapports juridiques du commissionnaire agréé en douane et de son donneur d'ordre sont régis par les règles communes du mandat.

La réglementation communautaire a cependant modifié ce statut unique. Définissant les notions de représentation directe et indirecte, elle permet au commissionnaire agréé en douane d'agir non seulement au nom et pour le compte de son client (représentation directe, mandat), mais aussi en son nom propre mais pour le compte d'autrui (représentation indirecte). Marie TILCHE précise qu'il s'agit de « *la classique distinction entre la commission, quel que soit son objet, et le mandat* » (*Bulletin Transports Logistique du 08/02/2010*).

B) Obligations et responsabilités du commissionnaire en douane.

Il faut indiquer ici les obligations ainsi que les conséquences de celles-ci dans l'exercice de la profession de commissionnaire en douane.

1) *Les obligations du commissionnaire en douane*

Les obligations ci-dessous doivent être observées par le commissionnaire en douane sous peine de sanction :

- Respecter les instructions du client : le commissionnaire en douane qui ne se conforme pas aux instructions précises de son mandant et qui, par sa négligence, lui cause un préjudice, commet une faute engageant sa responsabilité.

- Le soin des marchandises : obligation de prendre soin des marchandises. Avant d'effectuer la déclaration en douane, le commissionnaire en douane doit s'assurer de l'existence des marchandises.

- Le soin des documents douaniers : d'une manière générale, le commissionnaire agréé en douane, en sa qualité de spécialiste, est tenu de recueillir toutes les informations nécessaires afin d'effectuer des déclarations douanières conformes. Le commissionnaire en douane doit veiller à ce que les déclarations qu'il effectue soient conformes à la réglementation en vigueur.

- L'obligation de rendre compte à son client : l'article 1993 du Code civil dispose que « le mandataire est tenu de rendre compte de sa gestion, et de faire raison au mandant de tout ce qu'il a reçu en vertu de sa procuration».

2) Les conséquences civiles et pénales de l'exercice de la profession

Le commissionnaire en douane répond vis-à-vis de la Douane, tant sur le plan civil (paiement des droits) que sur le plan pénal, des conséquences des erreurs, omissions ou infractions retenues, du seul fait de sa déclaration, en application des articles 395 et 396 du Code des douanes et de l'article 1992 du Code civil.

Le fait que le commissionnaire n'ait pas commis de faute personnelle est sans incidence. Même si l'erreur ou l'acte source de l'infraction est imputable à son commettant ou à un tiers (par exemple, indications ou documents faux ou erronés), il répond néanmoins de plein droit de l'infraction vis-à-vis de la Douane.

Le fait que le client d'un commissionnaire en douane s'adresse directement à la Douane pour régulariser des documents incomplets n'a pas pour effet de décharger le commissionnaire de son mandat. Ce dernier, ayant souscrit la déclaration en douane, reste le seul interlocuteur de l'Administration jusqu'à la clôture des opérations.
Le commissionnaire agréé en douane dispose de recours contre son donneur d'ordre mais il ne saurait échapper aux pénalités en arguant de sa bonne foi. Pour être exonéré de sa responsabilité pénale, il doit prouver :
- Soit l'existence d'un cas de force majeure,
- Soit que les conditions de l'infraction ne sont pas remplies.

En outre, comme tout professionnel, le commissionnaire en douane est tenu d'un devoir de conseil vis-à-vis de ses clients, devoir qui est apprécié d'autant plus sévèrement qu'il s'agit d'un mandataire spécialisé salarié, auquel on a précisément recours en raison de sa compétence professionnelle. Dans le même sens Marie TILCHE écrit dans le BTL cité ci-dessus que : « *La jurisprudence a toujours infligé ce devoir à l'opérateur en douane mais dans son domaine de compétence et en tenant compte du professionnalisme de son cocontractant. Elle a ainsi décidé que son rôle n'était pas de s'occuper des formalités inhérentes aux aides communautaires agricoles (Cass.Com- 12-juillet-2005-BTL-n°3092).* »

En somme nous constatons que sur le plan juridique la responsabilité du commissionnaire reste étendue tant dans la commission de transport que dans la commission en douane. Nous avons vu que d'une part il est responsable non seulement de son propre fait mais répond aussi du fait de ses substitués et d'autre part en sa qualité de commissionnaire en douane, il est aussi responsable non seulement à l'égard de son client mais aussi vis-à-vis de l'administration de douane. Faut-il signaler ici que la notion de commissionnaire agréé en douane a évolué vers celle d'opérateur agréé en douane ? Et dans son étude, en vue d'accorder sa garantie, l'assureur ne tient pas seulement compte des aspects juridiques du risque mais également de ses aspects professionnels.

CHAPITRE 2 : LES RISQUES PROFESSIONNELS LIES AUX ACTIVITES DU COMMISSIONNAIRE DE TRANSPORT.

Nous avons déjà souligné précédemment que le commissionnaire de transport est un acteur indispensable du commerce international de marchandises. En effet, il peut organiser une expédition de bout en bout pour le compte d'un chargeur et d'autant plus que le commissionnaire offre une variété de services allant du conditionnement des marchandises à la réception, il organise le stockage intermédiaire des marchandises, procède au dédouanement à l'export et import ainsi qu'à toutes sortes d'opérations nécessaires au transport, au pré et/ou post acheminement. Son principal objectif est, toutefois, de s'assurer que les marchandises arrivent à leur point de destination en bon état et dans les délais en utilisant le moyen de transport le plus approprié pour satisfaire les besoins de son client.

Les risques durant le transport peuvent être considérables pour un commerçant à l'international et des erreurs sont vite arrivées sans l'assistance d'un commissionnaire qui dispose le plus souvent de filiales ou d'agents dans tous les ports et aéroports du monde, qui connait les lois, les réglementations du pays ainsi que les disponibilités des aéroports en matère de fret, telle chambres froides, délais de dédouanement, usages et/ou autres d'où la maitrise ou la gestion des risques inhérents aux opérations en pré et post acheminement.

Dans ce chapitre, nous nous limiterons à l'étude des risques assurables liés aux opérations à terre (pré et/ou post acheminement) d'une part (section 1) et d'autre part à ceux qui sont liés au transport maritime (section 2).

Section 1 – Les risques assurables liés aux opérations à terre

Traditionnellement les assureurs réunissent quatre critères pour la détermination des risques : l'existence d'un aléa véritable, la possibilité d'estimer la perte potentielle, l'applicabilité de la loi des grands nombres et enfin, l'existence d'une demande solvable à un niveau de prime suffisant pour couvrir les coûts de l'assurance. Et en pratique des critères plus ou moins similaires sont utilisés pour la détermination de ces risques qui sont causés par plusieurs facteurs dans l'exécution du transport terrestre et aux cours des opérations annexes.

A) Détermination des risques assurables

Rappelons d'abord quelques critères qui permettent de qualifier les risques assurables avant de nous attarder sur les notions des pertes et avaries.

1) Critères des risques assurables

Bien qu'elle constitue la pierre angulaire en assurance, la notion de risque n'est pas facilement saisissable ou maitrisable comme élément lui-même. Il est souvent défini par certains comme étant « *un évènement incertain, qui entraîne, s'il survient, l'obligation pour l'assureur d'exécuter sa promesse* » et par d'autres auteurs comme un évènement futur, aléatoire, et dont la réalisation ne dépend pas de la seule volonté de l'assuré. Les critères ci-dessous sont souvent retenus pour la détermination du risque assurable :

a) Le risque assurable est constitué par « l'*éventualité d'un évènement aléatoire* ».

En effet, seul le risque aléatoire peut faire l'objet d'une assurance. C'est d'ailleurs cet aléa qui fonde la validité du contrat d'assurance. Ainsi, le risque assurable devra consister en la réalisation d'un évènement futur, et il en résulte que si ce risque est déjà réalisé au moment de la formation du contrat, celui-ci devra être considéré comme nul.
Si cela semble aller de soi, il n'en demeure pas moins que ce principe peut avoir des conséquences bien souvent incomprises de la part de l'assuré.

b) Le risque renferme également « l'*éventualité de la survenance d'un dommage* »

Cela signifie que même si l'évènement s'est réalisé avant la souscription du contrat d'assurance, il y a aléa dès lors que le dommage garanti est incertain. C'est ainsi que la Cour a pu reconnaître le caractère aléatoire d'un contrat souscrit postérieurement à la survenance de l'évènement garanti (Civ. 1ère, 10 mai 1989, Argus 1989, 1763). Les juges ont ici considéré que l'aléa existe dès lors qu'au moment de la formation du contrat, les parties ne peuvent en apprécier l'avantage qu'elles en retireront parce que celui-ci dépend d'un évènement ou d'un dommage incertain.

En outre, il convient de préciser que l'aléa existe alors même que l'évènement garanti serait réalisé avant la formation du contrat d'assurance, dès lors que ce sinistre n'est pas porté à la connaissance de l'assuré. Ce caractère aléatoire est donc fondamental.

c) Enfin, le risque représente également « *l'objet de la garantie* »

C'est-à-dire, l'élément sur lequel repose le contrat d'assurance. Il varie d'une police à l'autre. Il peut donc être l'élément du patrimoine, ou même l'activité menacée par le « risque évènement », et auxquels s'applique la garantie : par exemple, le risque est la marchandise, ou l'entrepôt assuré contre l'incendie.

La détermination des risques garantis s'étend aux objets assurés en cas de sinistre. Certains objets peuvent être exclus de la police (on parle alors d'exclusion de risque ou d'exclusion de garantie).
Mais ce risque doit demeurer licite, car l'objet du contrat ne saurait être contraire à l'ordre public ou aux bonnes mœurs (*cf. Points développés sur les exclusions – Infra*).

Après ces détails sur la notion de l'assurabilité des risques, les termes de pertes et d'avaries nécessitent également des précisions.

2) **Les pertes et avaries en tant que risque assurable** :

Les pécisions sont nécessaires surtout quand le retard intervient dans une avarie ou une perte.

a) Avarie et retard:

En règle générale, on entend par avarie tout dommage subi par la marchandise au cours du transport. C'est également une détérioration de cette dernière. Ainsi, le donneur d'ordre sera en droit de diriger une action contre le transporteur dans le cas de livraison d'une marchandise détériorée.

Mais que se passe-t-il lorsque le transporteur arrive avec du retard ? Le donneur d'ordre pourrait-il obtenir réparation ?
Tout d'abord, qu'entend-on par retard ? En matière de transport intérieur, il y a retard lorsqu'il y a dépassement du délai mentionné dans le document de transport, ou de celui fixé dans les contrats-types.

Cette question est réglée par l'article L. 133-2 du Code de commerce, qui dispose : **« si par l'effet de la force majeure, le transport n'est pas effectué dans le délai convenu, il n'y a pas lieu à indemnité pour le cas du retard »**. Comment faut-il comprendre ce texte ?

Tout simplement qu'a contrario de ce texte, seule la force majeure survenant avant l'expiration du délai de livraison (le cas de survenance de la force majeure après ce délai n'exonèrera pas le transporteur) peut dégager le voiturier de la responsabilité d'un retard.

Autrement dit, le transporteur est responsable de son retard. Mais le simple constat d'un retard ne suffit pas à faire condamner le voiturier pour manquement à ses obligations. Encore faudra-t-il que le demandeur prouve le préjudice que lui a causé ce dépassement de délai.

Ainsi, le simple cas de retard du transporteur n'étant pas indemnisable sur le terrain de la responsabilité contractuelle, il ne sera donc pas nécessaire de garantir ce risque en matière d'assurance de transport. D'ailleurs, en principe,

28

les assureurs excluent le retard des polices d'assurance. Seules peuvent être garanties les dommages consécutifs aux retards. Mais quel régime juridique donnera à cet événement ?

En effet et en règle générale, le dommage consécutif à un retard s'analyse en une avarie, consistant en une détérioration de la marchandise. Donc, lorsqu'une police parle de retard, ce n'est pas réellement le retard en tant que telle que l'assureur garantit, mais plutôt ses conséquences dommageables pour l'assué.

Ainsi, c'est souvent en matière de transport de denrées périssables que le retard peut être préjudiciable pour le voiturier. Mais à quel titre ? Pour retard ou pour avarie ?
Il est certain qu'en pareil cas, il faudra choisir, le juge ne pouvant allouer des dommages-intérêts à la fois pour le retard à la livraison et pour l'avarie qui s'en est suivie. Cela aboutirait à indemniser deux fois le même préjudice.

Dans de pareils cas, il serait logique de considérer que le dommage soit rattaché à l'avarie plutôt qu'au retard. Mais la jurisprudence a connu des difficultés dans l'appréhension de cette question. C'est ce que dénote la décision de la Chambre Commerciale de la Cour de cassation en date du 20 mars 1976 (n°77-11.572, BT 1979, p.280.). Dans cette affaire, des colis de viande avaient été livrés en retard, ce qui avait provoqué des avaries. La cour de cassation a censuré l'arrêt de Cour d'Appel qui considérait qu'il appartenait à l'expéditeur d'établir que le dommage était imputable au retard. En effet, la Cour suprême cassa l'arrêt en visant l'article 104 du Code de commerce (devenu depuis l'article L. 133-2), le retard, alors que c'était l'avarie qui était en cause, c'est-à-dire, l'article 103 dudit Code (aujourd'hui, article L. 133-1).

Ainsi, les dommages consécutifs à un retard sont assurables. Etudions dès à présent le cas particulier de la perte.

b) **Les cas complexes de perte** :

i. **La perte et le retard**

Lorsque le retard dure un certain laps de temps, il vient un moment où il faudra considérer la marchandise comme perdue. Mais à partir de quel moment faut-il parler de perte ?

Le code de commerce ne prévoit pas de présomption de retard, c'est-à-dire de délai au-delà duquel la marchandise non livrée est considérée comme totalement perdue. Toutefois, le **contrat type général** prévoit lui une *présomption de perte de la marchandise*. En effet, dans son article 20-1, il dispose en ces termes : « **l'ayant droit peut, sans avoir à fournir d'autres preuves, considérer la marchandise comme perdue quand elle n'a pas été livrée dans les trente jours qui suivent l'expiration du délai convenu ou, à défaut, du délai nécessaire à la réalisation du transport** ».

Ce type de procédé était déjà connu de la CMR puis il a fait son entrée dans les contrats type. Mais certains contrats types n'intègrent pas ce mécanisme, en raison de la nature même des envois concernés. C'est le cas par exemple pour les contrats types *transports exceptionnel* et *transport sous température dirigée*. Dans ces cas, ce sont les parties qui déterminent la frontière entre le retard et la perte. Le cas échéant, cela est laissé à l'appréciation souveraine des juges du fond.

Ainsi, grâce à la présomption de perte, l'ayant droit pourra se prévaloir de cette présomption de perte, pour réclamer l'indemnité afférente à l'envoi.

Mais ce mécanisme suppose en amont, que l'envoi n'ait absolument pas été localisé pendant la durée définie et que personne n'ait la moindre information à son sujet. Et en cas de découverte de la marchandise dans l'année suivant le paiement indemnitaire, et sur sa demande expresse préalable, l'ayant droit doit en être tenu informé (sauf lorsqu'on est sous le régime du contrat-type *animaux vivants*). Il en sera surtout informé dans l'hypothèse de perte des trois quarts de la valeur assurée. Et dans cette hypothèse, l'assuré pourra transférer la propriété de la marchandise à son assureur. C'est le délaissement.

Pour en avoir une définition précise, il convient de se référer au lexique des termes d'assurance qui le définit comme « un transfert de propriété de la chose

chose assurée opère au profit de l'assureur lorsque celui-ci a versé une indemnité indemnité destinée à compenser la perte totale de ce bien, à la suite de sa destruction ou de sa disparition». L'article 14 de la Police type nous en précise précise les formalités (voir Annexe).

D'ailleurs, ce cas est prévu dans l'article L. 121-14 du Code des assurances qui dispose que : *« l'assuré ne peut faire aucun délaissement des objets assurés, sauf convention contraire »*. A la lecture de ce texte, on s'aperçoit qu'en cas de retrouvaille de la chose considérée comme perdue, l'assuré ne sera pas tenu d'en transférer la propriété à l'assureur. Mais dans cette hypothèse, il s'exposera au risque de devoir restituer l'indemnité à son assureur. En pratique, l'assuré doit notifier une proposition de transfert de propriété à son assureur, qui dispose de la possibilité d'en refuser la propriété. Ce dernier dispose d'un délai de trente jours pour accepter la proposition. Mais en cas de refus, il ne sera pas dispensé de son obligation de régler la valeur totale de la marchandise.

Ce cas n'est pas isolé en pratique. Il s'explique par le fait que c'est au propriétaire qu'il revient de prendre en charge les frais découlant de l'appréhension du bien (frais d'évacuation, de destruction des marchandises sinistrées...). Ainsi, en devenant propriétaire des biens retrouvés, l'assureur s'expose à ce genre de frais.

On aboutit même parfois à des situations quelque peu complexes. Prenons pour exemple une décision de la Cour d'appel de Paris en date du 13 janvier 1984 (RTD com. 1984, p. 527, obs. J. Hémart et B. Bouloc).
Les faits sont les suivants ; un transporteur routier avait pris en charge du matériel industriel. Ne voyant rien venir, le destinataire avait demandé au transporteur d'effectuer des recherches, ce que celui-ci fit, mais en vain. L'expéditeur avait alors fabriqué d'urgence un autre matériel du même type, qui arriva chez le destinataire après que le premier envoi ait été retrouvé. Le destinataire refusa donc de prendre livraison du second envoi. Mais l'expéditeur n'a pu faire jouer son assurance, celle-ci ne couvrant pas les cas de retard.
Ce cas est différent du précédent dans la mesure où il ne s'agissait pas d'une perte, le délai de trente jours ne s'étant pas écoulé. Mais pour cette hypothèse hypothèse également, le droit des assurances a en la matière constitué un début de

31

début de solution, puisque certaines polices permettent la prise en charge des des conséquences pécuniaires des retards du transporteur.

ii.   **La freinte de route** :

Le déchet de route, également appelée freinte de route, se définit d'après le Lamy Transport comme étant une diminution de poids ou du volume de la chose transportée, dû uniquement à sa nature, et qui se produit durant le transport, par évaporation, dessiccation, coulage, etc.

Il constitue également un cas de vice propre. Toutefois, en régime intérieur français, le transporteur n'a pas le droit à un déchet de route d'une certaine importance pour le transport de certaines marchandises en particulier. Ainsi, tout déficit est considéré comme un manquant. Il appartiendra donc au transporteur d'établir avec certitude que la différence de poids ou de volume constatée à l'arrivée résulte effectivement et exclusivement de la nature de la marchandise.

Les pertes et avaries occasionnées au cours du transport, ont pour origine des sources diverses et variées. Cela s'explique par la multiplicité de maniements dont la marchandise fait l'objet. Il convient alors de déterminer les facteurs des risques dans le transport de marchandises.

B) Les facteurs du risque en transport

Les risques sont énormément variés et évoluent en fonction de facteurs différents. Cela s'explique par la spécificité de l'activité de transport routier de marchandise. Cette dernière comprend plusieurs étapes à travers lesquelles la marchandise subit un nombre incroyable de manœuvres. Et toutes ces étapes à travers lesquelles passe la marchandise, sont elles-mêmes facteur de risque. Nous allons donc déterminer les principaux facteurs de risques que rencontre la marchandise lors de l'exécution du contrat de transport. Ces éléments sont indispensables à l'assureur afin que celui-ci appréhende au mieux l'étendue de la garantie qu'il accordera à l'assuré.

1) Risques liés au transport routier

a) Risques liés à la nature même du type de transport :

Le transport par route connaît certains risques propres à la catégorie à laquelle il appartient. Ainsi, certains éléments doivent être pris en considération par le voiturier, ces éléments n'ayant aucun intérêt pour de transporteur maritime ou aérien. Il devra donc prendre en considération :

- *Les freinages, accélérations et décélération* .Ces phénomènes sont d'autant plus dangereux pour la marchandise transportée lorsqu'ils ont des caractères brutaux et récurrents.
- *Les opérations d'attelage et de dételage.* C'est souvent pendant ces opérations que la marchandise devient source d'importants maniements, comportant parfois des chocs assez violents.
- *Les chocs et vibrations résultant des forces dynamiques* sont également à prendre en considération. Autant d'éléments que l'assureur appréciera dans son calcul du coût du risque.

b) Risques liés à certains transports spécifiques

Nous nous limiterons à un seul type de transport dans cette étude, le cas du transport de marchandises sous température dirigée effectué par des camions frigorifiques. Le risque est ici double :

- non seulement au point de vue de la conservation des marchandises en deçà d'un certain degré:
- mais également en ce qui concerne le chargement, ce type de transport utilisant des conteneurs.

• Pour ce qui est de la conservation de la marchandise, en règle générale, générale, ces types de camion peuvent réguler la température avec une précision précision de l'ordre du degré. En effet, le groupe réfrigérant du camion est alimenté alimenté électriquement par l'alternateur du camion, ou par un moteur autonome autonome situé sur la caisse frigorifique. Mais malgé la précision d'un tel dispositif, des dommages peuvent résulter de pannes du groupe frigorifique. D'autre part, il est fréquemment constaté des anomalies de réfrigération dues au au fait que bien souvent, le chauffeur arrête le groupe frigorifique pendant la nuit (sans doute à cause du bruit) et le remet en marche le lendemain éventuellement en abaissant la température de consigne pour revenir à la température demandée). Ces maniements du groupe frigorifique sont de nature à nature à le faire perdre de sa fiabilité, et de ce fait, à augmenter le risque.

De manière générale, face à ce type de transport, la probabilité de survenance d'une détérioration de la marchandise transportée étant plus élevée, l'assureur aura tendance à répercuter ce risque sur le montant de la garantie.

- L'emballage utilisé pour ce type de transport est également source de risque pour la marchandise. En effet, le conteneur, puisqu'il s'agit de lui, représente un avantage économique certain puisqu'il permet de contenir d'importantes quantités de biens. Mais qui dit « importantes quantités » dit également « importants dommages ». Ainsi, en cas de survenance d'un dommage, le montant du préjudice subi sera d'autant plus élevé que le conteneur contiendra d'importantes quantités de marchandises.

En outre, il arrive que le conteneur ne soit pas totalement rempli. Un tel chargement doit être particulièrement contrôlé par le transporteur. Et des soins supplémentaires devront être apportés concernant le calage des choses transportées. De plus, face à une telle situation, il sera nécessaire de couvrir partiellement avec une bâche plastique la partie du sol non chargée, afin d'éviter les courts circuits.

D'autre part, plus cet emballage sera lourd, et plus son chargement sur le véhicule sera périlleux. Ainsi, le chargement d'un conteneur est une activité risquée. Or, toute opération de chargement revêt certains risques.

2) Risques lies aux opérations de pré et post acheminement

a) Les risques liés au chargement :

Comme nous l'avons mentionné pour les conteneurs, le chargement est une activité à risque. D'autre part, pour les envois de moins de trois tonnes, le chargement de ces derniers incombe au transporteur.

Ainsi, pour que sa responsabilité ne se trouve pas engagée, il devra vérifier que le chargement est adapté au type de marchandise. Ainsi, les palettes utilisées devront être de dimensions étudiées pour assurer le remplissage convenable du véhicule et ne pas risquer l'effondrement.

34

Les chargements de cartons représentent également certains risques pour la marchandise, notamment en cas de transports de fruits et légumes frais.

En effet, un chargement trop compact de ces cartons peut empêcher la circulation des gaz secrétés par la maturation des fruits, et de ce fait, accélérer cette maturation. Un chargement judicieux consisterait à disposer les cartons de manière à créer une forme de « cheminée » permettant la circulation de ces gaz au cœur du chargement. Toutefois, il faudra prendre garde à ne pas laisser de creux trop grands qui faciliteraient l'effondrement des cartons. Par ailleurs la création de cette même « cheminée » est conseillée en matière de transport de palettes. Mais les risques liés au chargement sont assez proches de ceux d'autres activités telles la manutention, le stockage ou l'arrimage des marchandises.

b) Les risques liés aux activités de manutention, stockage, et arrimage de la marchandise :

D'après les chiffres de la FFSA (Fédération Française des Sociétés d'Assurances), ils représentent près de 43% des dommages dans le monde. Ces dommages proviennent le plus souvent :

- des *fausses manœuvres* ou défaillances des appareils de manutention et de levage, tels des chariots élévateurs, des grues, ou même des portiques.
- des accélérations et décélérations rapides, pendant les opérations de hissée, de virage ou de descente, lors des chargements ou déchargements ;
- des manutentions rudes pendant les opérations de transit ; en effet, il arrive que la marchandise se retrouve poussée et traînée au sol. C'est le cas lorsque les équipements de manutention sont insuffisants ou inadaptés, ou que le personnel chargé de ces opérations n'est pas suffisamment qualifié;
- du poids trop important des colis ou palettes empilés les uns sur les autres, ou des colis lourds posés sur des colis plus fragiles ;
- de l'écrasement des marchandises par les dépassements de poids ayant pour origine des déclarations de poids inexacts.

Ainsi, une mauvaise exécution de ces opérations peut avoir des effets néfastes sur la marchandise. Et si on y ajoute les risques émanant du mauvais temps, l'état de la marchandise ne s'en retrouvera qu'empié.

Section 2 : Risques liés au transport maritime

Bien qu'on le considère comme le mode de transport le plus sûr sur le plan sécuritaire, le voyage maritime comporte également différents risques tels que casse, mouille, naufrage, échouement etc. qui surviennent au cours des expéditions par voie de mer et font l'objet des couvertures d'assurance. Les risques maritimes peuvent être regroupés en deux catégories : les avaries particulières et l'avarie commune.

A) Avaries particulières, avaries frais et risques de grève

Ces risques sont caractérisés par une fréquence très élevée et sont à l'origine de nombreux dommages subis par les marchandises.

1) Avaries particulières

Ce sont les dommages et pertes matériels, ainsi que les pertes de poids ou de quantités subis par la marchandise assurée en cours de transport.
Ces avaries peuvent survenir :

- *Au cours des opérations de manutentions :* chargement à bord, manipulation en cale, déchargement, transbordement, etc.,

- Principalement à l'occasion du passage de la marchandise d'un véhicule de transport à un autre (transbordement lors de rupture de charge),

- A l'occasion des séjours à quai ou en entrepôt (casse ou coulage, mouillure par eau de pluie, vol, incendie, etc.)

- Mais aussi au cours du transport et nous en voulons pour exemple le cas de la contamination de la marchandise ci-dessous bien illustrée dans un mémoire du CDMT.

« *La contamination de la marchandise : Ce risque est très important en matière de transport. Les dommages dus à la contamination peuvent provenir de matières résiduelles ou d'odeurs d'une expédition antérieure. En règle générale, des marchandises incompatibles chargées dans le même conteneur peuvent conduire à des réactions chimiques entre les marchandises. D'où la nécessité d'un bon entretien du véhicule.*

Exemple d'une hypothèse récemment rencontrée en pratique. Il s'agissait d'un transport international, de fruits et légumes. C'était un vol camionné. Or, à la livraison de la marchandise, le destinataire sent une odeur nauséabonde. Puis, il constate la présence d'urines. Après tous ces éléments douteux, il refuse de prendre livraison, et une expertise est menée par la société de transport. Les conclusions de l'expert ont relevé la présence de passagers clandestins qui se seraient introduits à l'intérieur du véhicule. Ainsi, le chargement fut refusé pour présence de clandestins à bord du véhicule, et pour éviter tout risque de contamination de la marchandise par d'éventuels détritus laissés par les passagers. Un cas de ce type n'est pas isolé, et représente un risque d'une ampleur inimaginable, que ce soit pour les consommateurs, ou même pour la marque du produit. »[4]

2) Avaries-frais et dépenses diverses

En plus des dommages matériels, les avaries peuvent entraîner divers frais (avaries-frais) exposés en vue de préserver les objets assurés d'un dommage ou d'une perte matérielle, ou d'en limiter l'importance, ou encore de permettre aux marchandises de terminer leur voyage interrompu ou terminé ailleurs qu'au point prévu de destination.

Par exemple, les dommages subis par une machine peuvent avoir pour conséquence d'obliger l'exportateur à faire revenir cette machine à son usine, à la réparer ou reconditionner et à la renvoyer à son acheteur, d'où les frais de retour, de remise en état et de réexpédition souvent élevés.

---

[4] Les mémoires du CDMT en ligne - Année 2009

3) Risques lies aux grèves de transport

Très couramment, le commissionnaire est conçu comme un organisateur de transports intercontinentaux pour le compte de ses clients et il gère les flux de marchandises pour leur compte de bout en bout autrement dit«door to door». Pour ce faire, il fait appelà des compagnies aériennes et maritimes et à des opérateurs de voie de surface (transport routier, ferroviaire et fluvial), qui assurent la partie pure du transport.

Dès lors, un mouvement de grève touchant le secteur des transports pourrait conduire à un rallongement non maîtrisé des délais d'acheminement et de livraison. Afin de se prémunir contre ce type de risques qui toucheraient également ses concurrents, le commissionnaire averti ou prudent fait appelà différentes compagnies aériennes et maritimes, et opérateurs de voie de surface. En cas de grève localisée, il est en mesure de transférer ses opérations à d'autres sous-traitants.

B) Avarie commune

L'avarie commune est une institution propre au transport maritime dont il faut définir ici avant d'indiquer la gestion au cas où elle survient.

1) Notion d'avarie commune

En terme simple, nous la définissons comme étant une dépense engagée ou un sacrifice fait de façon volontaire dans l'intérêt commun du navire et de la marchandise. Elles constituent un risque spécial aux transports maritimes et, dans certaines conditions, aux transports fluviaux.
Ce risque est susceptible d'entraîner des pertes et des frais élevés.

L'avarie commune résulte d'une pratique fort ancienne. Elle est régie par les Règles d'York et d'Anvers dont la dernière révision date de juin 2004. Sommairement, lorsque pour échapper à un danger menaçant à la fois le navire et la cargaison, le capitaine est conduit, dans l'intérêt commun, à décider un sacrifice raisonnablement consenti ou à engager une dépense extraordinaire, et que ce sacrifice ou cette dépense a un résultat utile, la perte ou le dommage ainsi provoqué constitue une avarie commune.

Le propriétaire du navire et le propriétaire de la cargaison sont dans l'obligation l'obligation d'en supporter une part équitable, même s'ils ne sont pas assurés.

2) Les conditions de l'avarie commune

Pour qu'une avarie maritime puisse être qualifée d'avarie commune, il faut qu'il y ait :

- Un danger réel ; c'est-à-dire un événement mettant en péril le voyage
- Un sacrifice volontaire ; c'est-à-dire l'abandon d'une partie des marchandises ou de l'équipement du navire, des dépenses extraordinaires .

- Un intérêt commun ; c'est-à-dire la recherche du salut de la propriété de tous les intéressés au voyage
- Un résultat utile ; c'est-à-dire qu'enfin de compte, au moins une partie de la cargaison ou le navire doit être sauvé

Si une seule de ces conditions n'est pas respectée, un sinistre quelconque ne peut être qualifé d'avarie commune. Les dommages aux marchandises seront alors tous qualifés d'avaries particulières.

La couverture contre l'avarie commune découle d'une disposition contractuelle du titre de transport – le contrat d'affrètement ou le connaissement, qui renvoie aux Règles d'York et d'Anvers.

3) Le règlement de l'avarie commune

Sauf très rares exceptions, les règlements d'avaries communes sont établis conformément aux dispositions des Règles d'York et d'Anvers.
Ces règles sont conventionnelles et d'usage courant et international. La quasi-totalité des contrats de transport et d'affrètement s'y réfèrent.

Ainsi, en cas de réalisation d'une avarie commune, le processus d'indemnisation des victimes se compose des principales étapes suivantes :
- Le recueil des justificatifs de dépenses (factures, notes de frais..)
- La comparaison entre valeurs perdues (ou les frais) et valeurs sauvées va déterminer un taux qui une fois appliqué aux valeurs concernées va fixer la contribution de chaque partie à l'avarie.
- L'information des parties concernées (mettre tout le monde au courant)
- Le recueil des garanties de paiement des contributions (garanties bancaires, engagement des assureurs.)

- La collecte éventuelle des contributions provisoires (en nature ou en valeurs)
- La qualification et l'évaluation exacte du sinistre par des experts
- Le cas échéant, le paiement des contributions définitives supplémentaires ou le remboursement du trop perçus (Dans l'hypothèse où la contribution définitive est différente de la contribution provisoire)

- L'indemnisation des parties

La répartition des sacrifices entre le navire et la cargaison est faite par un expert répartiteur d'avarie commune ou dispacheur, généralement désigné par l'armateur ou par le transporteur.

Il établit un règlement d'avarie commune qui fixe le montant des admissions et celui des contributions dues par chacun des intéressés. Ces contributions d'avaries peuvent être provisoires ou définitives.

A la clôture du règlement d'avaries communes, la contribution définitive est indiquée aux intéressés. En cas de différence avec la contribution provisoire, un versement supplémentaire est réclamé aux intéressés si la contribution provisoire est inférieure à la définitive. Sinon le trop perçu est remboursé.

Il est important de noter ici que, l'intérêt pour les parties d'avoir souscrit une Police d'assurance est que celle-ci prend en charge la contribution d'avarie qui sera déterminée. Sinon, la partie en question devra payer de sa propre poche la contribution qui peut parfois être terriblement lourde.

> **Notions de contributions provisoires et contributions définitives**

On parle de contribution provisoire lorsque, du fait de la complexité du calcul des contributions nettes aux avaries communes, l'armateur impose un montant approximatif aux intéressés à l'arrivée du navire afin de libérer leurs marchandises sauvées. De nos jours, dans la très grande majorité des cas, les les armateurs acceptent l'engagement de l'assureur à régler la contribution nette nette au moment venu en lieu et place de la contribution provisoire.

Au contraire, la contribution définitive est celle qui est calculée en fin d'opération d'opération et qui est effectivement versée par les parties engagée.

De tout ce qui précède dans cette première partie, nous déduisons que l'assureur prend en compte plusieurs éléments pour l'étude et/ou l'analyse du risque qu'il prend en charge mais la notion de risque assurable est devenue très fuyante sinon évolutive, du moins elle ne saurait être figée. Et dans la pratique des marchés, les limites de l'assurabilité n'ont cessé de reculer en raison du développement :
- Des techniques assurancielles : estimation des risques, sophistication des contrats,
- Des techniques financères : réassurance, internationalisation des marchés de capitaux, développement des produits dérivés,
- De la concurrence croissante sur les marchés (les assureurs devenant de moins à moins sélectifs)
- Et de l'intervention croissante de l'État : réglementation, assurances obligatoires, système d'assurance sociale.

Dès lors, l'on se pose la question de savoir si c'est les risques qui sont devenus techniquement assurables ou bien que c'est les contrats qui s'adaptent aux risques comme c'est le cas des couvertures d'assurance du commissionnaire de transport

Exemple d'une cartographie des risques en transport[5]

Risques
Contrats
Pévisibles

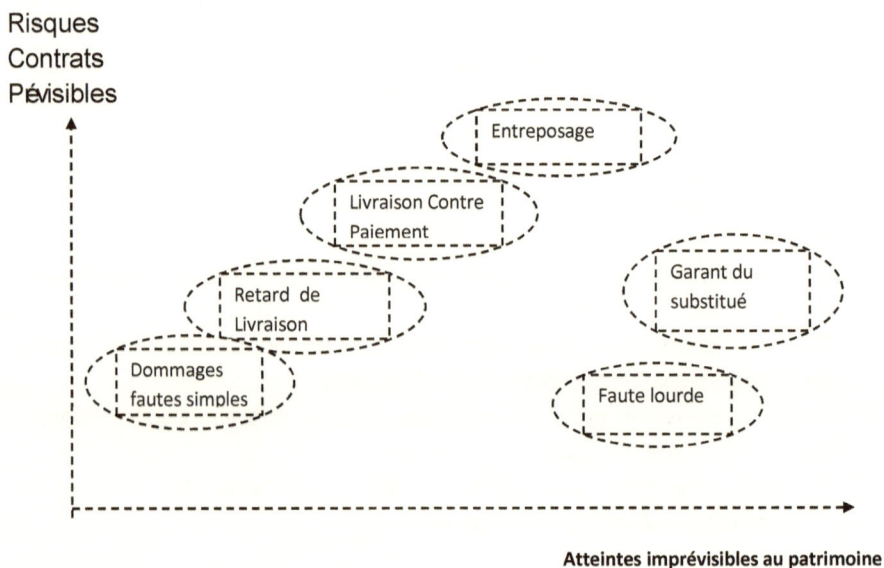

Atteintes imprévisibles au patrimoine

Observations :

Il faut savoir identifier les points de faiblesse en tant qu'acheteur d'assurance. Certaines actions ne peuvent être faites que par l'acheteur interne et non par l'intermédiaire (ex : valeur en risque, mise à jour des obligations matérielles vis-à-vis des contractants des sous-traitants des tiers)

Les angles d'analyse du risque global :

- Contractuel
- Délictuel
- Réglementaire
- Financier
- Patrimonial
- Etc.

---

[5] Tiré du cours d'assurance Transport dispensé par M. DENEFLE au CDMT d'Aix-Marseille

DEUXIEME PARTIE :

LES COUVERTURES D'ASSURANCE DU COMMISSIONNAIRE DE TRANSPORT

Pour épondre aux besoins en assurance des intervenants de la chaine de transport : expéditeur, destinataire (souvent localisés dans des pays diférents), les tiers à qui l'on remet la marchandise (transporteur, commissionnaire de transport et autres intermédiaires), les assureurs ont développé une gamme varée des garanties dans cette branche d'assurance. D'une manère classique, le commissionnaire de transport quant à lui dispose de la police Facultés dite 'Tiers Chargeurs' pour les dommages à la marchandise transportée (Chap.1) et de l'assurance Responsabilité Civile pour les risques lésàses activités (Chap.2).

Chapitre I : L'Assurance "Tiers Chargeurs"

La 'Tiers Chargeurs' est une Police d'abonnement (l'une des formules de l'assurance Facultés) souscrite par le commissionnaire de transport qui vise les expéditions faites pour le compte des tiers. C'est donc un contrat d'assurance pour compte d'autrui autrement appelé 'assurance pour le compte de qui il appartiendra' très développée dans la branche transport par les commissionnaires de transport pour leurs clients.

A la différence de la police d'abonnement classique, celle-ci est assortie d'une condition essentielle : l'assuré (le commissionnaire de transport) n'est tenu d'affecter à sa police que les expéditions que les clients l'ont chargé d'assurer. Le commissionnaire agit donc ici dans le cadre d'un mandat qui lui est donné par ses clients afin de pourvoir à l'assurance par la déclaration d'aliment à la police.

L'analyse de cette police se fera en deux points : la souscription de l'assurance Facultés (section 1) et la gestion des sinistres (section 2).

Section 1 – Souscription de l'assurance Facultés

Nous traiterons ici de l'objet et des motifs qui militent en faveur de la souscription du contrat d'assurance Facultés aux tiers chargeurs (A) suivis des exclusions du contrat (B).

A) Objet et intérêts de l'assurance Facultés "Tiers chargeurs"

Avant d'aborder les aspects qui caractérisent l'objet du contrat, nous énumérerons les divers éléments que nous qualifions souvent d'arguments commerciaux utilisés par les assureurs pour développer l'assurance Facultés auprès des acheteurs et/ou vendeurs à qui les risques sont transférés conformément aux contrats de vente.

1) Avantages d'une assurance Facultés Ad valorem

L'idée est largement épandue dans le public et dans les entreprises que tout dommage ou perte affectant une marchandise en cours de transport entraîne de plein droit la responsabilité du Transporteur ou du Commissionnaire de transport ainsi qu'une réparation intégrale du préjudice subi.

C'est une erreur car nombre de risques sont susceptibles de rester à la charge du propriétaire ou de l'ayant-droit à la marchandise ou ne feront l'objet que d'une indemnisation partielle de la part du transporteur.

L'assurance ad valorem, qui garantit les pertes et dommages subis par les marchandises au cours de leur transport, permet donc de pallier les insuffisances du régime de responsabilité prévues au contrat de transport d'où l'importance des éléments ci-dessous qui militent en faveur de l'achat d'une garantie Facultés Ad valorem.

a) Pourquoi souscrire l'assurance tiers chargeurs ?

Les raisons sont nombreuses et ci-dessous les plus évidentes :

i. **Indemnisation en cas de sinistre** : Le premier intérêt de l'assurance de la marchandise est de permettre l'indemnisation du souscripteur dans certains cas de mise hors de cause du transporteur.

ii. **Limitations contractuelles d'indemnité** : Indépendamment de l'exonération totale de responsabilité, il faut tenir compte des limitations d'indemnité prévues, soit par les Conventions internationales telle que la CMR, soit par les contrats types de transport, soit par les «conditions» personnelles du transporteur ou du commissionnaire de transport.

iii. **Insolvabilité du débiteur de l'indemnité** : Un autre risque réside dans l'insolvabilité du transporteur lorsqu'il s'agit d'un dommage important. Bien sûr, il reste, en pareil cas, la ressource d'une action directe contre son assureur de responsabilité, mais l'insolvable peut alors se révéler insuffisamment couvert ou, pire encore, en suspension suspension de garantie pour non-paiement des primes.

b) **Les autres motifs de souscription de l'assurance Facultés**

    i.   **Rapidité dans le règlement du sinistre** : L'assurance constitue, en général, le gage d'une indemnisation notablement plus rapide, dès lors que le bénéficiaire est en mesure de fournir un dossier satisfaisant.

    ii.   **Protection de la Police RC professionnelle** : en cas de sinistre, l'assurance Facultés Ad Valorem joue et les sinistres ne sont donc pas comptabilisés sous la Police Responsabilité Civile du Commissionnaire de transport.

    iii.   **Source de revenu / création de valeur et valorisation de la prestation logistique** : on achète de l'assurance et on la revend à un client, c'est surtout le cas des sociétés de déménagement où elle constitue une source de revenu car une certaine marge est réalisée par ces clients.

    iv.   **Obligation d'assurance locale** : Le commissionnaire de transport doit veiller à la souscription d'une assurance Facultés pour les expéditions à destination des pays dans lesquels il existe une obligation d'assurance à l'import.

Ces réglementations locales obligent les personnes à s'assurer auprès d'une agence locale. Par exemple, un importateur Libyen doit assurer son transport par une assurance Libyenne. Si le transporteur ne dispose pas d'un certificat d'assurance du pays en question, la marchandise peut rester bloquer aux entrepôts douaniers. Or ces sociétés d'assurance sont souvent en état de monopole et donc ne sont pas très réactives, ni très solvables et cela peut poser de problèmes en cas de sinistre.

Dès lors, on se retrouve le plus souvent avec la double assurance dans la pratique avec des difficultés de gestion du sinistre. Par exemple il est fréquent fréquent que le 1er assureur demande à son assuré de lui prouver que toutes les les actions ont été menées pour que l'assureur local l'indemnise ; il ne l'indemnisera que si toutes les diligences ont été effectuées, que si l'assureur local ne l'indemnisera pas.

Notons toutefois que la souscription d'une assurance dommages pour la protection de la marchandise ne supprime pas la responsabilité du transporteur, qui continue de répondre des pertes et avaries, celui-ci trouvera en face de lui, comme réclamant, non plus directement l'expéditeur ou le destinataire, mais l'assureur subrogé dans leurs droits.

2) Principaux aspects de l'assurance Facultés

Nous nous limiterons aux aspects relatifs à l'étendue de la garantie et la durée des garanties.

a) Etendue de la garantie

i. Dommages couverts

Ce sont les dommages matériels tels que précisés dans les deux modes de garanties accordées par la police : la Tous Risques et la FAP Sauf.

1°) **La garantie Tous Risques :** Sous réserve des exclusions prévues au contrat, sont garantis tous dommages et pertes subis par les marchandises, ainsi que les pertes de poids et de quantité, quelles qu'en soient les causes.

Pour mettre en œuvre cette garantie, seules devront être rapportées par l'assuré, les preuves du dommage et sa quantification.

2°) **La garantie FAP Sauf :** Cette garantie est plus restrictive que la garantie Tous risques. Elle est dénommée : FAP Sauf en Transport maritime; Accidents Caractérisés en Transport Terrestres et Evénement Majeurs en Transport Aérien. Sont garantis, tous dommages et pertes subis par les marchandises lorsqu'ils ont pour cause un des événements limitativement énumérés au contrat.

Pour cette garantie, devront être rapportées les preuves du dommage et sa quantification d'une part et d'autre part que le sinistre a pour origine un événement couvert (lien de causalité).

Cette dernière obligation a pour conséquence un renversement de la charge de la preuve puisqu'il appartient à l'assuré de prouver que l'événement fait bien partie de ceux assurés par la police.

ii. **Frais supplémentaires garantis** : Dans les deux types de garantie (Tous Risques et FAP Sauf) seront remboursés les frais suivants :

1°) - Les frais exposés pour éviter ou limiter un dommage garanti, **par exemple réfection d'un emballage disloqué dans un accident, frais de relevage, de garde et d'entreposage provisoire d'un chargement tombé sur la chaussée, etc. ;**

2°) - Les frais de réexpédition au lieu de fabrication, **lorsqu'elle est décidée par l'assureur, les avaries étant à sa charge ;**

3°) - Les frais d'expertise à destination **pour la constatation des dommages lorsqu'ils résultent d'un risque couvert.**

Ces frais sont remboursables même si, de ce fait, l'assureur doit payer au total une somme supérieure à la valeur assurée.

b) Durée des garanties

Sauf exception, la garantie est accordée pour la durée du voyage.

1°) - Principe : garantie magasin à magasin

La garantie débute au moment où la marchandise est prise en charge par le premier transporteur dans les magasins au point extrême de départ du voyage assuré.

La garantie se poursuit sans interruption, quels que soient les délais et séjours intermédiaires, jusqu'à la remise dans les magasins du destinataire ou de ses représentants au lieu de destination prévu, sauf exception.

2°) - Prolongation du voyage

Deux hypothèses sont à distinguer :

   o si l'allongement de la durée normale du transport n'est pas le fait de l'assuré ou de ses représentants, la garantie est maintenue ; cependant, dès qu'il en a connaissance, l'assuré doit aviser

l'assureur, qui est fondé à demander une surprime, sauf si la prolongation a pour cause un risque couvert par la police ;
- o si l'allongement est imputable à l'assuré ou à ses représentants, il s'agit d'une modification du risque et l'assuré doit, là encore, en faire la déclaration immédiate à l'assureur.

3°) - Cessation anticipée du voyage

La décision de l'assuré, de l'expéditeur ou du destinataire d'interrompre le voyage et de prendre livraison en cours de route fait également cesser la garantie au point d'arrêt du transport, dans les conditions qui se seraient appliquées au lieu de destination initialement prévu.

4°) - Séjours à destination

A destination, la garantie ne peut pas se prolonger indéfiniment. Elle cesse automatiquement si le destinataire n'a pas pris livraison dans les **quinze jours** de la date à laquelle la marchandise a été mise à sa disposition en aérien et terrestre et **soixante jours** en maritime.

Un sinistre survenant postérieurement ne sera donc pas pris en charge par l'assureur.

B) Les exclusions au contrat

Certaines sont relatives aux marchandises et les autres le sont pour diverses raisons

1) Marchandises exclues de la garantie

La police Facultés ne garantit pas par principe certaines marchandises, sauf convention contraire et prime spéciale. Il s'agit des :

a. bijoux, perles et pierres précieuses, orfèvrerie, monnaies, métaux précieux, billets de banques, actions, obligations, coupons, titres et valeurs de toute espèce ;

b. fourrures, objets d'art, de sculpture ou de peinture, antiquités, objets de curiosité ou de collection, documents et échantillons dont la valeur marchande ou conventionnelle est sans aucune mesure avec la valeur intrinsèque ;

c. animaux vivants ;

d. marchandises classées dangereuses par les conventions, lois ou èglements;

e. denées et produits périssables.

L'exclusion de ces marchandises par la police type, qui ne concerne que les risques courants, n'empêche pas qu'elles puissent être assurées à des conditions ou au moyen de polices spéciales.

2) Risques exclus dans tous les cas

La police type garantit uniquement les dommages et pertes matériels, ainsi que les pertes de poids ou de quantité et, dans la formule «*tous risques*», les disparitions et vols, la perte totale pour le destinataire ésultant de l'absence de livraison.

Ne sont pas couverts, les pertes, dommages et autres préjudices ésultant des risques suivants :

a. vice propre **:** il s'agit de la détérioration d'une marchandise pour une cause qui lui est uniquement interne, c'est une exclusion qui est tout à fait normale. Le Doyen Rodère disait dans ce sens que « *L'assureur garantit la marchandise contre ce qui vient de l'extérieur. Il ne la garantit pas contre elle-même*» (Rodère R., BTL 1981, p. 253). L'usure normale n'est pas davantage assurable en raison de l'absence d'aléa ;

b. absence ou insuffisance de conditionnement ou d'emballage **:** sont visées par cette exclusion l'absence, l'insuffisance ou l'inadaptation de la péparation de la marchandise ; de l'emballage ou du conditionnement ; des marques ou numéros des colis.

c. freinte normale de route (ou déchet de route) : on désigne ainsi la déperdition de poids ou de volume par évaporation, dessiccation, coulage, etc., qui affecte inéluctablement certaines marchandises. Il s'agit d'un cas particulier de vice propre, d'ailleurs expressément pévu par les conventions relatives aux transports internationaux (pour la route : CMR, art. 17,§4, voir Lamy transport, tome I) ;

d. influence de la température**;**

e. amendes, confiscations, mises sous séquestre, contrebande et commerce prohibé ou clandestin: l'assureur ne couvre pas les amendes, de police ou de douane, au paiement desquelles le propriétaire de la marchandise pourrait être condamné à l'occasion de l'opération de transport ; le caractère d'ordre public de la responsabilité pénale et le principe de la personnalité des peines s'y opposent ;

f. retard dans l'expédition ou dans l'arrivée des marchandises : cette exclusion recouvre non seulement les préjudices autres que matériels (commercial, industriel, moral) résultant du retard, mais également les pertes et dommages physiques susceptibles d'être subis par la marchandise du fait de la prolongation du transport. Cependant, ces dommages matériels sont couverts lorsque le retard est consécutif à l'un des accidents caractérisés énumérés à l'article 2-2° de la police;

g. dommages découlant de prohibition d'exportation ou d'importation, de tels dommages ayant une cause illicite ;

h. risque atomique: sont visés les dommages résultant des effets directs ou indirects d'explosion, dégagement de chaleur, irradiation, transmutations de noyaux d'atomes ou radioactivité, radiations provoquées par l'accélération artificielle de particules, qu'il s'agisse d'une utilisation civile ou militaire.

Signalons enfin qu'en pratique les assureurs complètent souvent cette liste par certaines exclusions dans les conditions particulières des polices.

> **Le cas des risques de guerre, mouvements populaires et grèves**

Ne sont pas couverts par la police type, sauf convention contraire, les risques de guerre civile ou étrangère, les actes de sabotage, les conséquences de mouvements populaires et grèves (voir CA Paris, 5e ch., 6 juin 1996, Novatrans c/ Navigation et transports et autres: l'assureur de denrées périssables acheminées par rail et route n'est pas tenu des suites préjudiciables d'une grève de chemin de fer), ainsi que, lorsqu'ils sont commis hors du territoire français, les attentats et agissements terroristes.

La «*convention contraire*» prévue par l'article 6 de la police type consiste en une couverture séparée au moyen d'un imprimé dit de *Conventions spéciales*.

Cet imprimé ne permet cependant la couverture des matériels de guerre que sous certaines conditions : que leur transport n'ait fait l'objet d'une autorisation officielle, la garantie ne débute qu'une fois le premier chargement effectué et sa durée maximale est de **trente jours** en transport terrestre ; la prime reflétant l'évolution politique, une tarification n'est valable que si l'expédition débute dans les sept jours qui suivent.

Section 2 - La gestion des sinistres

Pour instruire les dossiers, les gestionnaires des Sinistres Facultés veillent sur les mesures à prendre par les assués en cas de sinistre (A) avant de procéder au règlement proprement dit des pertes et avaries (B)

A) Mesures à prendre et procédure en cas de sinistre

La police édicte un certain nombre d'obligations à la charge de l'assué et du destinataire en l'occurrence le constat et la déclaration du sinistre ainsi que la sauvegarde de la marchandise et la conservation des recours.

1) Constat et déclaration de sinistre

L'assué est exposé aux sanctions en l'absence des constatations des dommages ou du défaut de la déclaration du sinistre

a) Déclaration du sinistre

Sous peine de déchéance, le souscripteur ou l'assué est tenu de donner avis du sinistre à l'assureur dans les **cinq jours** où il en a connaissance, délai réduit à **deux jours** en cas de vol (C. assur., art. L. 113-2, 4°).

Jugé, à ce propos, qu'en cas de perte de marchandises, le transporteur-assué ne peut être réputé avoir eu connaissance du sinistre qu'à compter du jour où, toutes les investigations entreprises pour retrouver l'envoi étant demeurées infructueuses, la perte est devenue certaine. Tant que, même après des réserves ou une réclamation, on en est encore au stade des recherches ou discussions pour tenter d'établir la réception, le sinistre n'est pas constitué et le transporteur n'a pas à en faire la déclaration (Cass. 1re civ., 7 janv. 1969, n° 66-13.292, BTL 1969, p. 80).

Cependant, les entreprises se trouvant dans cette situation de doute ont intérêt à faire immédiatement une déclaration conservatoire à leur assureur, afin de couper court à toute contestation ultérieure.

i. Sanction du défaut de déclaration de sinistre à l'assureur.

En général, les polices prévoient la **déchéance** de l'assuré, c'est-à-dire la perte de la garantie de l'assureur pour le sinistre non signalé en temps utile. *(Police marchandises terrestres, art. 10; CA Paris, 17 oct. 1955, BTL 1955, p. 328; CA Toulouse, 16 mars 1981, BTL 1981, p. 319)*

Toutefois, cette sanction n'est applicable que si l'assureur établit que le retard dans l'avis de sinistre lui a causé un préjudice *(CA Colmar, 27 juin 2001, Cie Helvetia c/ SA Roquette, BTL 2001, p. 624, faisant application de cette disposition au bénéfice d'un assuré négligent (la question pouvant toutefois se poser de savoir si l'article L. 113-2 du Code des assurances pouvait être utilisé, s'agissant d'une assurance maritime).*

Par ailleurs, la déchéance ne peut être opposée à l'assuré qui justifie avoir été mis par un cas de force majeure dans l'impossibilité de faire sa déclaration dans le délai imparti.

En tout état de cause, la déchéance n'est encourue que si elle est prévue par une clause expresse de la police sur laquelle l'attention de l'assuré a été spécialement attirée. *(Cass. 1re civ., 9 mai 1994, n° 92-12.990, Bull. civ. I, n° 168).*

ii. Renonciation de l'assureur à invoquer la déchéance.

La déchéance découlant du défaut de déclaration du sinistre peut se trouver couverte par l'attitude de la compagnie, manifestant sa renonciation à l'invoquer. *(Cass. 1re civ., 28 juin 1988, n° 86-11.005, Bull. civ. I. : «il est admis que l'assureur peut renoncer à se prévaloir de la déchéance».*

En pratique la renonciation des compagnies d'assurance à invoquer la déchéance est très courante pour des raisons commerciales et surtout de concurrence qui est de plus en plus rude entre les assureurs, elle bénéficie donc aux clients.

b) Constat : Intervention de l'expert de l'assureur
i. Constat contradictoire

Selon les articles 11 et 12 de la police type, **l'assuré est tenu, dans les cinq jours suivant la livraison, de demander la constatation des dommages par le commissaire d'avaries local** ou, à défaut, de tout organisme indiqué à la à la rubrique «*Commissaire d'avaries et expert recommandé*» des conditions particulières, ou, en désespoir de cause, à l'autorité locale compétente (mais, sauf sauf situation extraordinaire, il ne doit pas de lui-même faire appel à un expert expert de son choix).

Le non-respect de cette obligation d'appel au commissaire d'avaries ouvre à l'assureur le droit de rejeter la réclamation, même si les dommages ont fait l'objet d'une constatation contradictoire entre le transporteur et le destinataire au moment de la livraison. *(CA Paris, 5ᵉ ch., 13 mars 1979, Sogema c/ Carboline Europe).*

ii. Contre-expertise ou expertise judiciaire

Ainsi, pour pouvoir bénéficier de la garantie d'assurance, l'assuré-destinataire doit accomplir une double série de formalités, sur le plan du contrat de transport (conservation du recours contre le transporteur) et sur le plan du contrat d'assurance (demande d'intervention du commissaire d'avaries dans le délai prévu).

Aussi, la police type réserve à l'assuré le **droit de demander, dans les quinze jours, une contre-expertise amiable** (mais contradictoire) **ou judiciaire** (Police type, art. 11). Le fait pour l'assuré de ne pas user de cette faculté ne lui interdit cependant pas de discuter par la suite les conclusions de l'expert des assureurs *(CA Paris, 12 mars 1975, BTL 1975, p. 193).*

2) Sauvegarde de la marchandise et conservation des recours

Les marchandises doivent être sauvegardées et les droits de recours préservés.

a) Sauvegarde de la marchandise

Il est généralement prévu dans la police que l'assuré doit, en cas d'incident, prendre toutes mesures utiles pour le sauvetage et la conservation de la marchandise transportée, autrement dit pour « *limiter les dégâts* ». Par exemple, si un véhicule sous température dirigée tombe en panne, le transporteur doit faire acheminer rapidement les denrées par tout autre moyen *(CA Aix-en-Provence, 10 janv. 1962, BTL 1962, p. 274)* et, sinon, les diriger sur un entrepôt frigorifique pour éviter leur déperdition, voire les faire vendre si nécessaire.

L'inobservation de l'obligation faite par la police de prendre toutes mesures utiles pour la sauvegarde de la marchandise peut entraîner la perte du droit à garantie et c'est évidemment à l'assuré de rapporter la preuve de ses diligences en la matière. *(CA Aix-en-Provence, 2ᵉ ch., 11 déc. 1984, La Préservatrice c/ IFA et Durbet,).*

En assurance de marchandise (*ad valorem*), l'assuré est responsable non seulement de sa propre négligence, mais également de celle de l'expéditeur ou du destinataire (Police marchandises terrestres, art. 10). Toutefois, la sanction est proportionnée au préjudice réellement subi par l'assureur du fait de l'absence des mesures conservatoires qui s'imposaient.

b) Conservation des droits et recours

L'assuré a l'obligation de «*prendre toutes dispositions pour conserver les droits et recours contre les transporteurs*» (Police type, art. 10-3°).

En matière de transport terrestre, la conservation du recours contre le transporteur requiert l'accomplissement de certaines diligences ou formalités, parfois impératives. La police type rend l'assuré responsable non seulement de sa propre négligence, mais également de celle de l'expéditeur ou du destinataire à accomplir ces diligences (pas de réserves ou réserves imprécises à la livraison). En outre, l'assuré répond de toute faute de sa part aboutissant à empêcher l'assureur de mettre en œuvre le recours (non-transmission des documents, mauvaise volonté à établir une cession de droits, etc.).

En somme, la perte du recours entraîne une réduction de l'indemnité à concurrence du préjudice qui en résulte pour l'assureur. La sanction n'est donc pas, sauf disposition expresse contraire, une déchéance totale de la garantie et la procédure de règlement des pertes et avaries doit être déclenchée.

B) Le règlement des pertes et avaries

Sur la base des justificatifs, le dossier de sinistre doit être instruit pour pouvoir déterminer l'indemnité d'assurance à payer.

1) Instruction du dossier du sinistre en vue du règlement de l'indemnité

Dans le cas d'une assurance pour compte, le créancier de l'indemnité est le porteur de l'original de la police ou, s'il en a été émis un, du certificat d'assurance. *(CA Paris, 5ᵉ ch., 26 juin 1979, Belin c/ Usitra-France)*. C'est donc le plus souvent le destinataire qui doit présenter les pièces d'instruction pour que le règlement intervienne dans le délai.

a) Pièces à fournir à l'appui de la réclamation

Le bénéficiaire doit présenter sa demande d'indemnité à l'organisme ou à la personne par l'entremise de qui l'assurance a été souscrite (compagnie, agent d'assurance, courtier, commissionnaire de transport, etc.) et le dossier de réclamation doit comprendre au moins les pièces suivantes :

i.   - Original de la police (police au voyage) : c'est la justification du droit à l'indemnité

ii.   - Avenant de banque ou certificat d'assurance (police d'abonnement) : seul le porteur de l'original du certificat d'assurance peut prétendre à être indemnisé.

iii.   - Titre(s) de transport (exemplaire original du connaissement et des autres titres de transport) : indispensable à deux niveaux :
   - Il matérialise effectivement le transport (justification de la réalité de l'expédition) et donne des indications sur les destinations, les poids.
   - Il permet, après indemnisation, de présenter le dossier de recours au transporteur. Seul l'original du connaissement maritime est accepté par les compagnies maritimes lors de réclamation.

iv.   - Rapport du commissaire d'avaries : il a pour but de dresser l'état exact des avaries et/ou manquants et donne également toutes sortes de renseignements :
   - Emballage adapté ou non
   - Expertise contradictoire
   - Date d'arrivée et de déchargement, de saisie de l'expert etc...

v.   - Copie de la ou des lettres de réserves adressée(s) au transporteur : l'original de ce courrier aura été adressé au transporteur ou à son représentant local et ceci dans les délais les plus rapides. Ce courrier reprendra précisément le détail des désordres constatés.

vi.   - Pièces justificatives de l'indemnité réclamée : facture d'origine de la marchandise pour le calcul de l'indemnité mais aussi la vérification de la valeur d'assurance.

b) Délai de présentation de la réclamation et du versement de l'indemnité

i. La loi édicte une prescription de deux ans en matière d'assurance maritime et transports. Toutefois, il est rappelé que l'action contre les transporteurs maritimes ou terrestres est généralement prescrite au bout d'un an. Pour éviter des difficultés, il est par conséquent recommandé à l'assuré de présenter sa réclamation aussi rapidement que possible à l'assureur pour permettre à celui-ci d'exercer un recours contre les tiers responsables. Le bénéficiaire de la police a seul qualité pour accomplir des actes interruptifs de la prescription biennale vis-à-vis de l'assurance. *(CA Reims, 8 févr. 1983, BTL 1983, p. 270, sur renvoi après cassation).*

ii. Le versement de l'indemnité doit être effectué au plus tard **dans les trente jours** suivant la remise du dossier, si du moins celui-ci est complet et régulier (Police type, art. 15). L'assuré a droit aux intérêts légaux sur cette indemnité à compter du jour où il a mis l'assureur en demeure de la payer et, le cas échéant, à des dommages-intérêts pour résistance abusive. *(CA Paris, 7ᵉ ch., 19 juin 1992, BTL 1992, p. 662 : dommages-intérêts mis à la charge d'un assureur et d'un intermédiaire d'assurance pour inertie dans l'instruction d'un dossier sinistre et défaut de réponse aux différentes mises en demeure de l'assuré).*

L'indemnité à laquelle l'assuré peut prétendre est toutefois fonction de la valeur de la marchandise et des règles du contrat d'assurance.

2) Indemnisation

Elle tient compte de la valeur d'assurance et de certaines techniques/opérations pour déterminer le montant de l'indemnité à payer.

a) Limites de l'indemnité d'assurance

L'indemnité d'assurance a normalement pour double limite :

i. **le prix de revient de la marchandise au lieu de destination** majoré d'un maximum de 20 %. Par *«prix de revient à destination»*, on entend le prix facturé à l'acheteur (ou, à défaut, le prix courant de la marchandise aux temps et lieu de sa remise au transport), en y ajoutant tous les frais, primes d'assurance incluses, engagés à l'occasion de l'expédition. En cas de vente maritime, cette valeur réelle correspond donc à la valeur CAF (coût, assurance, fret).

Pour tenir compte du profit espéré par l'acheteur ou des frais et troubles qu'un sinistre est susceptible d'occasionner au vendeur, il peut être appliqué à la valeur réelle ainsi définie une **quotité de surévaluation** de 20 % maximum. L'indemnité inclut alors automatiquement cette quotité de surévaluation, sans que l'assuré n'ait à fournir de justification. Ce procédé constitue donc une dérogation à la fois au principe indemnitaire (qui veut que ne soient réparés que des dommages réels et effectivement justifiés) et à l'exclusion du préjudice autre que matériel.

ii. **la valeur d'assurance déclarée par le souscripteur,** qui constitue en toute hypothèse le plafond de l'indemnité.

Si le prix de revient de la marchandise à destination, augmenté de la quotité de surévaluation, ne dépasse pas la valeur d'assurance, c'est ce prix de revient majoré qui représente la limite de l'engagement des assureurs.

Toutefois, dans les trois hypothèses suivantes, l'indemnité peut excéder le prix de revient, toujours, bien sûr, dans la limite de la valeur d'assurance :

- si le bénéficiaire établit que la valeur de la marchandise au lieu de destination et à la date d'arrivée excède le prix de revient majoré, l'indemnité peut alors atteindre cette **valeur à destination** (sans quotité de surévaluation) ;
- si le contrat de vente d'origine stipule un montant d'assurance plus élevé

- Si une convention (moyennant surprime) prévoit une **valeur de remplacement** des biens manufacturés, à condition, en cas de sinistre, de justifier du remplacement effectif par des factures.

b) Détermination de l'indemnité d'assurance

Plutôt que de procéder par estimation du coût des réparations, l'assureur compare la valeur qu'aurait eue à destination la marchandise arrivée intacte avec sa valeur en état d'avarie. Il détermine ainsi un **taux de dépréciation.**

Exemple :

- Valeur saine à destination : 22 000 euros ;
- Valeur en état d'avarie : 13 200 euros ;
- Taux de dépréciation : 40 %.

L'assureur rapporte alors ce taux à la valeur d'assurance et va se livrer, le cas échéant, à la série d'opérations suivantes :

a) - déduction de la franchise éventuelle ;
b) - adjonction des frais accessoires contractuellement à sa charge;
c) - réduction proportionnelle de l'indemnité en cas de déclaration inexacte du risque, sans mauvaise foi de l'assuré;
d) - réduction pour préjudice causé à l'assureur du fait de la non-conservation de la marchandise ou du recours;
e) - compensation éventuelle avec les primes lui restant dues, (art 16 Police type).

La somme découlant du jeu de ces différents correctifs constitue l'indemnité finale.

➢ Cas du délaissement.

Lorsque les dernières nouvelles du véhicule et de son chargement remontent à plus de trois mois et, surtout, dans l'hypothèse de perte des trois quarts de la valeur assurée (Police type, art. 14), l'assuré a la faculté de délaisser la marchandise à l'assureur, c'est-à-dire de lui en transférer la propriété moyennant règlement de la valeur totale assurée.

Tout en restant tenu de régler en valeur totale, l'assureur peut néanmoins refuser le transfert de propriété, ce qu'il fera le plus souvent lorsque le bien est générateur de frais. Le refus de l'assureur doit intervenir dans les trente jours de la notification du délaissement. Qu'en est-il alors de l'assurance Responsabilité civile du commissionnaire de transport ou des assurances dites sur mesure ?

CHAPITRE 2 : L'ASSURANCE RESPONSABILITE CIVILE DU COMMISSIONNAIRE ET LES ASSURANCES SUR MESURE

La garantie Responsabilité Civile du Commissionnaire de transport n'est pas une assurance obligatoire comme l'assurance Facultés à l'import dans certains pays (voir supra) ou les autres telle que l'assurance responsabilité civile automobile où les véhicules terrestres à moteur sont assujettis à l'obligation d'assurance pour les risques afférents à la circulation routière.

Bien qu'il ne soit pas tenu de souscrire une assurance pour couvrir sa responsabilité civile et celle de ses transporteurs substitués, il est fortement conseillé au commissionnaire de souscrire non seulement une assurance pour les risques qu'il encourt dans sa profession (section 1) mais d'adapter également celle-ci à ces activités qui deviennent de plus en plus diverses et complexes du fait des exigences du marché et d'où la nécessité d'une couverture adaptée dite 'sur mesure' (section 2).

Section 1 – L'assurance Responsabilité Civile du commissionnaire de transport

Au sens large, c'est une garantie qui permet à l'assué de couvrir les responsabilités que le droit civil est susceptible d'établir à sa charge si les dommages causés lui sont imputables. En ce qui concerne par exemple l'assurance de la responsabilité du transporteur de marchandises, certains textes (Decr. N° 49-1473 du 14 nov. 1949, art.47, D 1949. 434 ; et Decr. Du 12 janvier 1939 art. 105, $ 2 et 3) de coordination ont longtemps imposé au transporteur routier de s'assurer contre les risques d'incendies et contre les risques de perte et d'avaries consécutifs à un accident survenu au cours du transport, à une époque où l'assurance automobile obligatoire n'existait pas.

Pour mesurer l'importance des garanties proposées par les assureurs transport pour le Commissionnaire ou opérateur de transport en général, il faut déterminer le champ d'application de la garantie, les risques couverts et les risques exclus.

A) **Le champ d'application de la garantie**

La garantie ne s'applique généralement qu'aux transports exécutés dans une certaine zone géographique, pendant une certaine durée, et selon une certaine catégorie d'événements.

1) **Territorialité et durée**

Précisons la territorialité puis la durée de la garantie

a) **Territorialité**

Le contrat d'assurance doit comporter une garantie de la responsabilité civile s'étendant à l'ensemble des territoires convenus d'accord partie par les contractants. Cette garantie lorsqu'elle est appelée à jouer en dehors de ce cadre, est accordée par l'assureur dans les limites et conditions prévues par la législation applicable dans l'Etat sur le territoire duquel s'est produit le sinistre. Ainsi l'utilisation du véhicule en dehors de cette zone ne constitue pas seulement une aggravation du risque entraînant l'application de la règle proportionnelle de prime *(règle applicable aux assurances de dommages et aux assurances de personnes et dont l'application conduit à réduire l'indemnité de sinistre en proportion du taux des primes qui auraient été dues si les risques avaient été correctement assurés)*, mais une cause de non garantie. Ainsi quand le transporteur est amené à effectuer un transport en dehors de la zone couverte, il doit en aviser son assureur et lui demander une extension de garantie. Cependant la détermination de la zone de garantie n'est pas toujours aisée. Il en est ainsi lorsque le sinistre survient à l'intérieur de ladite zone, mais à l'occasion d'un transport qui en sort.

Dans cette hypothèse, la garantie est-elle exclue dès le départ ou au moment où le véhicule quitte la zone couverte ? La solution dépend sans aucun doute de la rédaction de la clause définissant la zone de garantie. La cour d'appel d'Aix- en-Provence a eu à se prononcer sur la question et a décidé que la clause stipulant que la garantie couvrait la France continentale devait être interprétée comme une garantie dommages survenus en France continentale, ce qui impose à l'assureur de prendre en charge les conséquences d'un accident survenu en France à l'occasion d'un transport sur les Pays- Bas (7 sept 1995, BTL 1995.833).

b) Durée

L'assurance est conclue pour une durée déterminée par la police. Ainsi, une police garantissant les dommages subis par les objets assurés depuis leur remise au transporteur au point d'expédition jusqu'à leur livraison au point de destination ne couvre pas le vol de la marchandise dans les locaux de l'affréteur avant sa mise en route. En conséquence, lorsque les marchandises sont en transit (appelé passage à quai) dans les entrepôts du transporteur, la durée de la garantie est limitée pour les conditions générales des polices responsabilité civile, lesquelles ne couvrent pas les risques d'incendies, explosion et dégât des eaux pendant cette période. De même certaines polices prévoient la couverture, également pour une durée limitée, des marchandises transitant par les entrepôts du transporteur, mais à la condition qu'elles demeurent chargées sur les véhicules ou remorques. Contrairement à l'hypothèse précédente du passage à quai, les risques d'incendies, explosion et dégât des eaux sont garantis.

Par ailleurs les marchandises faisant l'objet d'un magasinage à l'arrivée en raison d'un refus du destinataire ou de l'impossibilité de le joindre ne sont couvertes que pendant un délai de l'ordre de huit à vingt jours (CA. Paris 19 dec. 1989, BT 1990.566). Enfin l'assureur est tenu de la garantie même si la réclamation est postérieure à la résiliation de la police, dès lors que le fait générateur de la responsabilité lui est antérieur (CA. Aix-en- Provence, 13 janv.2000, BTL 2000.230)

2) Risques couverts et garanties offertes

a) Les risques couverts

La garantie est acquise durant tout le temps où les marchandises sont sous sous la responsabilité de l'assuré. En assurance de transport des marchandises la garantie varie non seulement en fonction de l'activité concernée, mais également de la spécificité des marchandises transportées et transportées et de leur mode de transport. En outre, elle s'applique aux conséquences d'un retard de livraison ou d'une différence de cours, et aux dépenses complémentaires engagées pour acheminer la marchandise à destination. Comme nous l'avons déjà observé, en dépit des polices d'assurance de responsabilité des transporteurs les assureurs ont recours à à des extensions de contrat d'assurance.

b) Les garanties offertes

Les polices sont soit « tous risques », soit limitées à certains « événements caractérisés », le transporteur n'est garanti que contre un nombre restreint d'accidents ou d'incidents limitativement énumérés : collision, renversement du véhicule, rupture d'essieu, affaissement de chaussée, vol dans certaines circonstances particulières, incendie.

La formule « événements caractérisés » est conseillée pour des marchandises peu fragiles ou de valeur réduite, en particulier pour certains transports en vrac ou en citernes. La formule « événement caractérisé » présente l'inconvénient pour le transporteur de supporter la charge de la preuve : il lui incombe de prouver que le dommage provient d'un des événements énumérés.

De plus, cette formule ne couvre pas la casse ou la perte d'origine indéterminée, la mouille et les dommages imputables à un défaut de chargement, le heurt de marchandises entre elles en cours de transport ou encore les avaries dues à un coup de frein brutal donné pour éviter une collision.

Les garanties liées aux différentes activités logistiques précédemment énumérées font évoluer la formule « événements caractérisés ». Les événements qui y figurent sont de même nature que ceux objets des garanties transport ; l'appellation est même souvent identique puisqu'on retrouve les termes « accidents caractérisés ».

Ainsi une garantie de manutentionnaire de marchandises concernera la couverture de la chute, du choc, de la charge manutentionnaire, ou encore de la rupture soudaine et imprévisible de l'appareil de levage. Il en sera de même pour la garantie dépositaire de marchandises.

B) Les exclusions de risques

Ces exclusions se rapportent aux types de marchandises transportées et à la nature des risques qui peuvent subvenir.

1) Les risques lies a la spécificité de la marchandise ou au fait de l'assure

a) A la spécificité de la marchandise

Les marchandises exclues du champ de la garantie occupent un éventail plus large. Toutes les marchandises de nature particulière sont en général exclues de la garantie de base. Il en est ainsi des matières dangereuses, de certaines denrées périssables, des animaux vivants, des masses indivisibles, des marchandises précieuses et très fragiles. Pour ces marchandises, le transporteur doit donc demander une extension de garantie à sa compagnie. A cet égard, il convient de préciser que, même si la prime est calculée sur l'ensemble de son chiffre d'affaire, toutes marchandises confondues, couvertes ou non, le transporteur n'est pas moins soumis aux exclusions édictées par la police. Le transporteur appelé à déplacer des conteneurs, en charge ou à vide, doit vérifier que les masses indivisibles sont exclues et que la garantie s'applique bien aussi aux dommages susceptibles d'être subis par l'engin lui-même.

b) Au fait de l'assuré

L'assureur ne répond pas des pertes et dommages provenant d'une faute intentionnelle ou dolosive de l'assuré. La jurisprudence ne retient pas la faute intentionnelle exclusive de garantie, que si elle implique la volonté de causer le le dommage lui-même, et pas seulement d'en causer le risque. Tel n'est pas le le cas de la décision d'envoyer un véhicule subir les épreuves d'une visite avec avec une charge constituée de marchandises en cours de transport. Il convient convient de rappeler qu'en droit des assurances la faute lourde ne peut être assimilée au dol quant à ses effets. Le code des assurances prévoit en effet la la garantie de la faute de l'assuré, à l'exception seulement de la faute dolosive, dolosive, ou intentionnelle, la faute lourde n'étant ni l'un ni l'autre. En conséquence, la faute lourde ne soulève pas de problème d'exclusion. Au-delà de de là de la faute intentionnelle de l'assuré, le vice propre de la marchandise est,

est, un des cas d'exclusion légale. Le code des assurances précise que « les déchets, diminutions et pertes subis par la chose assurée et qui proviennent de de son vice propre ne sont pas à la charge de l'assureur, sauf convention Contraire ». Les dommages qui en résultent tiennent à la nature même de cette cette chose et non à son transport, ce qui justifie l'exclusion d'un tel vice des conditions générales des polices.

2) Les autres exclusions

Il faut distinguer ici les risques spéciaux des autres risques.

a) Les risques spéciaux

Ces risques sont liés à des risques de guerre, mouvements populaires et grèves et au vol des marchandises. Il s'agit des risques exclus de la garantie de base par la loi (code des assurances) étant souvent considérés comme constitutifs de la force majeure et par conséquent libératoires pour le transporteur. Pour que la force majeure soit retenue, il faut que l'impossibilité pour les transporteurs d'acheminer la marchandise à sa destination finale se rattache aux évènements considérés.

Toutefois ils peuvent être couverts dans le cadre de l'imprimé "risque de guerre et assimilés". La plupart des entreprises peuvent avoir souvent intérêt à souscrire la garantie complémentaire « risque de guerre et assimilés » pour être garantie par exemple en cas de destruction de la cargaison par des manifestants d'actes de terrorisme, de grève de dockers ou des ouvriers.

b) Les autres risques

A l'instar de l'assurance de la marchandise, certains risques sont exclus de la police d'assurance de responsabilité du transporteur : risque atomique, ceux résultant d'activités illicites ou de faits de prince, et les risques d'amende ou de garantie financère. Par ailleurs ne sont que rarement couverts les risques suivants : les dommages - intérêts dus au client au titre d'un préjudice autre que matériel (souvent appelés par les assureurs : « indirects »). Ainsi une cour d'appel a décidé que l'assureur n'était pas tenu à garantie pour une condamnation du transporteur à une peine d'amende au titre d'une pénalité de retard (CA Dijon, 10 janv. 1985, BT 1985.399). Cependant,

De nombreuses compagnies acceptent de garantir le préjudice autre que matériel soit intégralement, soit dans une certaine proportion de l'indemnité versée au titre du dommage matériel mais parfois sous condition que ce dommage résulte d'un évènement caractérisé. Certaines assurances couvrent le retard lorsqu'il est consécutif à une panne du véhicule dûment justifiée. Chaque police comporte un certain nombre d'autres clauses de non garantie ; il est ainsi fréquent de trouver une clause d'exclusion de garantie pour le cas de surcharge supérieure à certains seuils (20% en général), de conduite sans permis valable ou à un niveau d'alcoolémie pénalement punissable.

S'agissant du commissionnaire de transport, n'entre pas non plus dans le champ de la police de base la faute dite « professionnelle » « intellectuelle » ou « de mandat », consistant par exemple dans un défaut d'avis de souffrance, la mauvaise rédaction de document de transport, la faute dans le choix du transporteur, la non conservation du recours du commettant, faute dans le mandat d'assurer la marchandise.

La garantie des dommages occasionnés par le vice propre de la chose assurée et ceux causés par la guerre est en principe exclue, sauf convention contraire. La charge de la preuve du vice propre incombe à l'assureur qui veut faire jouer l'exclusion. Nous disons 'en principe' d'autant plus que cette forme d'exclusion ne concerne nécessairement que les assurances de choses et non les assurances de responsabilité

Section 2 – Les assurances sur mesure.

Pour garantir la marchandise transportée contre les divers risques ou contre les conséquences pécuniaires des fautes commises par un opérateur de transport, ce dernier dispose d'un certain choix. En effet, même s'il existe des polices-types, celles-ci comportent un certain nombre d'options, laissant ainsi l'assuré les adapter à ses besoins.

A) Une assurance responsabilité civile contractuelle en fonction de l'entreprise de transport.

Auparavant, d'anciens textes imposaient au voiturier de s'assurer contre les risques d'incendie et contre les risques de perte et avarie consécutifs à un accident se produisant au cours du transport. C'est ce qui découle de l'article 47 du décret du 14 novembre 1949. Mais ce décret fut abrogé par un autre, le n°97-1018 en date du 6 novembre 1997.

Concernant ce type de garantie, nous devons noter qu'il existe une police type d'assurance de la responsabilité contractuelle des commissionnaires de transport et deux polices types couvrant la responsabilité du transporteur, l'une en trafic international, l'autre en régime intérieur (Imprimés des 15 décembre 1994 et 12 juin 1996 modifiés le 16 juin 2003). Cependant, ces deux dernières polices ne se sont pas imposées sur le marché et en règle générale, il existe autant de polices types « responsabilité contractuelle » que de société d'assurances proposant ce genre de couverture. Mais on y retrouve dans chacune presque toujours le même nombre de dispositions constituant une sorte de fond commun.

Comme pour l'assurance de la marchandise, l'assurance responsabilité contractuelle du transporteur ou commissionnaire de transport surtout est un contrat sur mesure que d'aucun qualifie de contrat « à la carte », permettant aux principaux intéressés de choisir une garantie en fonction du degré de protection recherché, mais surtout en fonction des risques rencontrés.

Nous allons donc aborder successivement les différentes options comprises dans cette garantie. Mais avant cela, précisons d'abord son objet.

1) Objet de la garantie

Comme nous l'avons rappelé en première partie, le régime de responsabilité pesant sur le transporteur ou le commissionnaire est d'une certaine rigidité. Ce

Ce dernier, en cas de survenance d'une avarie ou perte de la marchandise, a pour seul moyen de défense, les causes exonératoires de responsabilité.

Et au vu des diverses opérations qui interviennent dans le contrat de transport, il apparaît que la marchandise transportée peut rencontrer certains risques au cours de l'expédition. Le voiturier étant présumé responsable de toute avarie portée sur la marchandise, celui-ci aura tout intérêt à souscrire une assurance Responsabilité Contractuelle.

Contrairement à l'assurance de la marchandise transportée, pour l'assurance de responsabilité contractuelle du transport, il ne s'agit pas d'assurer la marchandise en elle-même. Ce que le transporteur ou le commissionnaire de transport demande à sa compagnie d'assurance, c'est de le garantir contre les conséquences pécuniaires de la responsabilité qu'il est susceptible d'assumer vis-à-vis de ses clients expéditeurs ou destinataires, et finalement de régler en ses lieu et place les indemnités dont il pourrait être tenu du fait de la mauvaise exécution du contrat de transport ou de commission de transport.

La garantie de la compagnie d'assurance est donc, dans ce cas, directement liée à la responsabilité de l'assuré, ce qui signifie qu'elle ne peut être mise en œuvre que :

-« *si le transporteur ou le commissionnaire est responsable* ;
- *uniquement dans les limites de cette responsabilité.* »

En cas d'avarie ou de perte de la marchandise, l'assureur de responsabilité vérifiera donc que son assuré est responsable.

Mais devant quel type de choix sera confronté l'opérateur de transport en cas de souscription de la garantie Responsabilité Contractuelle ?

2) **Les formules de garantie**

Dans leurs Conditions Particulières, les parties au contrat doivent préciser si la garantie est souscrite aux conditions « *tous risques* » ou aux conditions « *accidents caractérisés* ».

a) La formule *« accidents caractérisés »* **:**

Cette garantir vise à couvrir les risques de pertes et dommages provenant de la réalisation d'un de ces événements limitativement énumérés par la police en son article 2-2°.

Mais une décision de la deuxième Chambre civile de la Cour de cassation rendue le 16 novembre 2006, semble étendre la liste des événements couverts par la garantie.

Les faits sont les suivants : au cours d'un transport de machines-outils, le chargement se renverse au cours de la première phase du chargement. Une police d'assurance avait été souscrite par le transporteur, au profit du chargeur, avec la formule « accidents caractérisés ».

Or, comme le précise le commentaire de cette décision, dans une telle hypothèse, la charge de la preuve de la réalisation de l'un de ces dommages pèse sur l'assué. En confirmant l'arrêt de la Cour d'appel de Rennes du 18 novembre 2003, la Cour de cassation estime que le renversement du chargement constitue un accident au sens de la police d'assurance, et ce, après avoir constaté que : *« la thermo-formeuse, posée sur trois porteurs directionnels et tractée par un chariot automoteur à conducteur porté, s'est renversé alors que la roue d'un des porteurs s'est coincée dans le joint de fractionnement de la dalle du sol ».*

Mais le fait que la roue d'un des porteurs du chariot automoteur se soit coincée ne corresponde à aucun des événements énoncés dans la police. Si certains (tel que le Professeur Turgné) pensent à une confusion de la part de la Cour entre la garantie « tous risques » et la garantie « accidents caractérisés », d'autres, au contraire expliquent cela par une volonté des juges d'étendre la garantie. Nous retiendrons d'ailleurs cette dernière opinion.

Dans ce type de police, il appartient à l'assué d'apporter la preuve que le préjudice résulte bien d'un de ces événements. Cela constitue d'ailleurs la différence fondamentale avec l'autre forme de garantie : la *« tous risques ».*

b) La formule « *tous risques* » :

Avant 1990, devant le silence des parties sur le choix de la garantie, on choisissait à défaut la police « accidents caractérisés ». La nouvelle police énonce simplement dans son article 2, que la garantie s'exerce « *selon la mention portée aux conditions particulières* ». Ainsi, en cas de contentieux, le juge doit rechercher l'intention des parties. Et à travers la jurisprudence constante, nous notons que celui-ci est souvent enclin à opter pour la garantie « tous risques ».

Comme son nom l'indique, cette garantie couvre les risques de pertes et avarie provenant de n'importe quel type d'événement. Mais l'assué doit rester vigilent devant ce type de garantie, et se référer à la liste des exclusions pour mesurer la réelle portée de ces garanties.

Les assureurs offrent donc des garanties que le voiturier peut adapter à son activité. Lorsque l'entreprise s'étend et que le transporteur se voit confier de nouvelles responsabilités allant même au-delà du simple déplacement de la marchandise, l'entreprise de transport peut encore modifier les garanties par un avenant. Et cette demande est réputée acceptée par l'assureur en l'absence de refus dans les dix jours qui suivent la demande de modification, le silence de l'assureur valant acceptation.

Ainsi, le contrat d'assurance offre un large choix à l'assué désireux de transporter la marchandise en toute sécurité. Il pourra de ce fait garantir les pertes et avaries survenues au cours du transport, mais également les frais occasionnés par ce type de dommage.

c) Une prise en charge des frais accessoires :

Les frais ont été abordés précédemment mais rappelons tout de même que la réparation du préjudice se concrétise non seulement au regard de la perte ou de l'avarie sur la marchandise survenue au cours de l'expédition, mais également au titre de toutes les dépenses que cet événement a engendré

Ainsi, et comme vu plus loin, l'assurance dite « facultés » garantit également les frais suivants :
- les frais occasionnés pour la conservation de la marchandise (exemple : réfection d'un emballage disloqué dans un accident) ;
- frais d'assistance en cas d'avarie commune (la police couvre ici la contribution des marchandises des assurés aux avaries communes ainsi que les frais d'assistance à l'occasion de transport maritime) ;
- les frais de réexpédition (exemple : réexpédition pour réparation de la marchandise) ;
- les frais d'expertise (notamment pour la constatation de dommages).

B) L'assurance à la taille financière et des activités de l'entreprise

L'opérateur de transport adapte ses polices d'assurance en fonction de ses finances et de ses activités.

1) En fonction du poids financier de l'entreprise

Il y a lieu d'indiquer ici comment détermine-t-on la prime d'assurance et les différentes sortes de formule de prime

a) Détermination de la prime d'assurance

Chaque société d'assurance est libre de fixer sa propre grille tarifaire. Pour des raisons de libre concurrence, il n'existe pas de tarifs type.
Toutefois, il doit être précisé qu'en vertu de l'article R. 322-72 du Code des assurances, *« aucun traitement préférentiel ne peut être accordé à un sociétaire »*.
Mais qu'est-ce qu'une prime d'assurance ? On entend par prime la somme que doit payer l'assuré en contrepartie de l'engagement de l'assureur de prendre en charge le risque (définition du lexique des termes d'assurance). Le coût de l'assurance est donc proportionnel à l'importance du risque pris en charge par l'assureur.
La prime se décompose en deux éléments ; la prime pure et les chargements.

S'agissant de la prime pure, celle-ci peut se définir comme étant la somme d'argent que l'assureur doit percevoir de chacun des souscripteurs des contrats d'assurance pour être en mesure de payer les sinistres. Le montant de la prime pure est calculé à partir de la somme des capitaux assurés (qui correspond à la valeur réelle des biens garantis) que multiplie le taux de prime. Cela nous donne la formule suivante :

Prime pure = taux de prime x capitaux assurés

Pour trouver ce taux de prime, on calcule la fréquence des sinistres par référence au recensement statistique d'évènements passés. Puis, cette fréquence devra être pondérée par la considération de l'intensité moyenne des sinistres. Ainsi, le taux de prime se calcule de la manière suivante :

Taux de prime = fréquence x cout moyen des sinistres

S'agissant des chargements, ce sont en réalité des frais qui sont générés par la gestion du contrat d'assurance. Parmi ces frais généraux inhérents à l'organisation même de l'entreprise, il y a tous les loyers, les salaires du personnel, etc. Quant aux frais propres à chaque contrat, il y a les frais d'acquisition des contrats et notamment les commissions versés aux intermédiaires, agent d'assurance et courtiers.

Chargements = frais d'acquisition + frais de gestion du contrat

Il faut ajouter à cela des taxes fiscales.

b) Les formules de prime

Trois types de primes sont utilisés en fonction des caractéristiques de l'entreprise assurée.

i. Prime au chiffre d'affaire :

Comme son nom l'indique, cette prime est choisie en fonction du chiffre d'affaires de l'entreprise assurée. C'est la formule généralement retenue pour les entreprises d'une certaine importance.

Mais la notion de chiffre d'affaire n'ayant aucune définition légale, les assureurs s'en réfèrent celle donnée par les polices-types. Celles-ci entendent par chiffre d'affaire la *contrepartie d'opérations entrant dans le cadre de l'activité couverte par le présent contrat et dont la facturation a été effectuée au cours de la période considérée »* (article 9-2-5 de la police type française d'assurance couvrant la responsabilité du transporteur international de marchandise par route du 15 décembre 1994, modifié le 16 juin 2003 et le 11 mai 2006. Cf. Annexe).

La prime s'obtiendra en multipliant le chiffre d'affaires par un taux en pourcentage.

Mais le chiffre d'affaire n'étant connue par avance, les assureurs ont fixé une prime provisionnelle que l'assuré sera tenu de payer lors de la souscription. Cette prime sera de l'ordre de 80 % de la prime effective escomptée et sera régularisée en fin d'exercice en fonction du chiffre d'affaire réellement réalisé par l'assuré.

Pour éviter toute fraude à l'assurance, les polices types permettent aux assureurs de vérifier les chiffres apportés par l'assuré, en exigeant de ceux-ci la production des livres et sa correspondance commerciale à tout moment.

ii. Prime au forfait

A la différence de la formule précédente, cette prime s'adapte surtout aux transporteurs ou autres auxiliaires de transport ne disposant que de quelques véhicules. Ici, la garantie n'est acquise que pour les véhicules désignés dans le contrat.

Le montant de la prime est fixé *par véhicule porteur* (remorque, semi-remorque, camion.) Elle varie en fonction de l'étendue du risque, du champ territorial de la police.

C'est de loin le choix le plus répandu en pratique pour ce qui concerne le transport routier de marchandises dans la mesure où ce secteur reste une profession quelque peu artisanale.

74

En plus de ces deux types de prime, il en existe une troisème que l'on rencontre rarement en pratique.

iii. Prime au tonnage

Cette prime est fonction du poids de marchandise transportée. Les paramètres de calcul utilisés sont les mêmes que ceux évoqués pour la prime au chiffre d'affaire.

Mais cette formule est la moins utilisée en raison de son manque d'adaptabilité avec les réalités du métier. En effet, la garantie est le plus souvent limitée aux périodes durant lesquelles les marchandises se trouvent dans le véhicule. Or, ce n'est pas durant ces périodes que la marchandise se trouve le plus exposée aux risques de pertes et d'avarie.

Mais certains groupeurs continuent d'utiliser cette prime. C'est pourquoi certaines polices types continuent d'en faire mention (article 9 de la police type commissionnaires).

Ainsi, le voiturier peut choisir d'assurer sa responsabilité contractuelle à travers la police Responsabilité Civile Contractuelle. Mais la souscription de cette police n'est pas le seul moyen d'aboutir à ce résultat. En effet, avant toute souscription, la majorité des assureurs propose au voiturier la souscription d'une police d'assurance sur la marchandise pour le compte du propriétaire (l'assurance Tiers chargeurs déjà traitée).

2) En fonction des activités de l'entreprise

Sur le marché actuel de l'assurance transport, en fonction des types de transports exercés ou de l'étendue des activités à d'autre secteur tel que celui de la logistique, les assureurs mettent en place des garanties tenant compte de ces activités ou de l'évolution de celles-ci et adaptent ainsi leurs produits d'assurance aux besoins des opérateurs. Nous évoquerons dans cette partie le cas des garanties disponibles en fonction des spécificités des transports et les couvertures actuelles proposées pour les activités à connotation logistiques.

a) Les garanties en fonction des transports spécifiques.

Il s'agit des garanties qui tiennent compte des contrats types transport tels que le transport en citerne, transport sous température dirigée et transport d'animaux vivants.

i. Couverture des transports en citernes

La nature même de ces produits et la spécificité de leur mode de transport ont amené les assureurs à proposer des garanties spécialement adaptées. En allant de la plus réduite à la plus élaborée, on trouve généralement :

- Une garantie «*événements caractérisés*»;
- Une garantie couvrant, en plus des «*événements caractérisés*», les risques inhérents aux erreurs d'empotage et de dépotage, ainsi que la rupture de flexibles. Dans le cadre de cette option, l'assureur prend en charge, notamment, la perte du produit déversé par erreur dans une cuve autre que celle qui devait le recevoir – mais pas les dommages causés par ce produit à celui qui se trouvait déjà dans la cuve ;
- Une garantie qui, outre les risques visés au tiret précédent, couvre également la pollution des marchandises à l'intérieur de la citerne (la plupart des polices manifestant alors un minimum d'exigences en matière de nettoyage ou de contrôle de propreté. (Cf. CA Douai, 19 sept. 1985, BTL 1986, p. 224); sur la présomption de responsabilité du transporteur en cas de pollution ou d'avarie des produits transportés, voir Cass. Com., 20 févr. 2001, n° 98-21.950).

A noter que, dans certains cas, la question pourrait se poser de l'intérêt pour une entreprise disposant d'un parc important de rester son propre assureur en ce qui concerne les marchandises elles-mêmes, compte tenu de leur valeur relativement faible.

Cependant, le transporteur qui exploite des véhicules-citernes ne doit pas perdre de vue qu'il se trouve exposé à d'autres risques sérieux, tels la commercialisation ou la mise en fabrication par le destinataire de la marchandise polluée en cours de transport, la contamination par cette même marchandise du contenu de la cuve qu'elle a été vidangée (non couverte, comme

comme indiqué plus haut, par la garantie« *erreurs de dépotage*»), le débordement débordement de cuve, etc.

Or, on sait d'après l'article 23, du contrat type citernes (1) (dans sa dernière rédaction approuvée par le décret n° 2000-527, 16 juin 2000, JO 18 juin), que le transporteur peut être amené à indemniser tous les préjudices justifiés de cette nature jusqu'à concurrence de 300 000 euros et qu'il a l'obligation de s'assurer en conséquence.

Il convient donc pour le transporteur de porter, si besoin, à 300 000 euros le plafond de garantie de son assureur, ce qui peut constituer un premier problème. Mais, plus encore, le citernier doit veiller à ce que sa couverture ne comporte pas de hiatus, étant donné que, dans de nombreuses compagnies, les risques en cause ne relèvent pas tous de la police responsabilité civile voiturier, mais sont pour partie du ressort d'autres polices, comme la responsabilité civile exploitation ou la police auto. Il est donc recommandé, en pareil cas, d'obtenir de la compagnie ou du courtier confirmation écrite du fait que ces différentes garanties s'enchaînent bien et couvrent, au total, l'ensemble des préjudices visés à l'article 19 du contrat type.

ii - *Couverture des transports sous température dirigée*

Un nouveau contrat type« *transport public routier de marchandises périssables sous température dirigée* » a été publié par un décret du 12 février 2001 (voir D. 12 févr. 2001, JO 17 févr.).

Toutes les polices d'assurance de responsabilité contractuelle excluent de la garantie les denrées périssables (exemple dans CA Paris, 21 déc. 1982, BTL 1983, p. 222) et le risque « *influence de la température* ». Il convient donc déjà d'éliminer clairement ces deux exclusions (encore que, selon CA Paris, 27 sept. 1989, BTL 1990, p. 253, pourvoi rejeté par Cass. 1re civ., 22 mai 1991, n° 89-20.818, BTL 1991, p. 574, la souscription d'une assurance pour des transports sous température dirigée efface nécessairement l'exclusion « *influence de la température* » et implique renonciation de l'assureur à s'en prévaloir).

- **Dommages matériels.**

Les transports sous température dirigée ne sont encore souvent garantis que selon la formule «*événements caractérisés*» (ou, ce qui revient au même, dans le cadre de fausses «*tous risques*»), c'est-à-dire que ne sont couverts que les dommages résultant de certains accidents ou incidents limitativement énumérés.

Doivent alors au moins être garantis **l'arrêt et le mauvais fonctionnement de l'appareillage frigorifique** (et non pas uniquement du groupe : car il peut y avoir fonctionnement ininterrompu du groupe lui-même, mais neutralisé par la défaillance d'une autre pièce) et cela **sans franchise horaire,** de sorte qu'il y a lieu de bannir une clause du genre «*la garantie est acquise à condition qu'il y ait panne prouvée de l'appareil frigorifique et sous réserve que cette panne ait duré plus de six heures consécutives*» comme dans CA Lyon, 2 déc. 1988, BTL 1989, p. 564.

Il faut, en effet, garder présent à l'esprit que, dans cette formule, la **charge de la preuve** pèse sur l'assuré. C'est à lui d'établir que le dommage provient d'un des événements garantis. Or, le transporteur risque d'éprouver de grandes difficultés à rapporter la preuve de la durée de l'arrêt du groupe si son véhicule n'est pas équipé d'appareil enregistreur de température (voir, par exemple, en matière maritime, Cass. Com., 7 févr. 1984, n° 81-13.057 ; CA Aix-en-Provence, 2e ch., 22 mai 1991, Arabian trading c/ La Concorde et autres assureurs : la constatation de températures anormalement élevées à l'arrivée ne suffit pas à établir *ipso facto* la défaillance des installations de réfrigération. La preuve a été considérée comme rapportée, au contraire, en raison notamment de l'élévation de température et du degré de décongélation des denrées à l'arrivée dans CA Paris, 7e ch., 16 avr. 1986, La Protectrice c/ Danzas denrées).

La Cour de cassation a cependant approuvé un arrêt ayant, en présence d'une d'une police de cette nature, déclaré l'assureur tenu à garantie bien que la cause cause du dérèglement fût demeurée inconnue (Cass. Com., 14 oct. 1997, n° 95-95-14.963 : la police garantissait « les conséquences directes et insurmontables insurmontables d'un arrêt total causé par un dérangement technique accidentel accidentel et imprévisible de l'appareil frigorifique, clause qui, aux yeux des juges du fond, aboutissait à une «*totale irresponsabilité*»). De même, l'assureur l'assureur doit sa garantie au titre du «*défaut de conditionnement*» pour les avaries subies par des gousses d'ail entreposées dans des conteneurs non réfrigérés (Cass. Com., 28 mars 2000, n° 98-10.438).

Toujours dans cette hypothèse de garantie limitée à certains événements, devrait également, en l'état actuel des textes et du rapport de forces existant sur le marché des transports, être couvert le risque **«circulation d'air insuffisante»** provenant d'un mauvais chargement (spécialement pour les transports en froid positif).

Malgré tout, resteront encore hors du champ de la garantie des risques comme le manque d'étanchéité des joints des portes du véhicule, un mauvais réglage du thermostat par le chauffeur (CA Aix-en-Provence, 2e ch., 21 févr. 1991, Bouis c/ Winterthur, non publié à notre connaissance) ou une prise en charge de la marchandise à une température trop élevée – ce qui constitue une faute de l'expéditeur, mais dont la preuve suppose qu'il y ait eu relevé de température au départ.

C'est pourquoi la meilleure solution nous paraît être de partir de la police «tous risques» de la compagnie, en supprimant les exclusions denrées périssables et influence de la température.

Dans ce cas, l'assureur ajoutera généralement – et à bon droit – une condition positive à la garantie (à savoir l'utilisation d'un matériel conforme à la réglementation et approprié à la nature de la marchandise) et trois exclusions (à savoir le défaut d'entretien caractérisé de l'appareil frigorifique, son arrêt volontaire et le manque de carburant du groupe). Il pourra aussi subordonner la garantie à une limitation du nombre de points de livraison par voyage (à trois, par exemple). Cependant, même avec ces aménagements, la police restera une vraie tous risques, ne subordonnant pas la garantie à la preuve par l'assuré que le dommage est imputable à tel ou tel événement.

- **Préjudice commercial**.

Le transporteur soucieux d'une couverture suffisante doit également s'efforcer d'obtenir le rachat des exclusions «*retard de livraison*», «*obstacle apporté à l'opération commerciale*» et «*différence de cours*» de sa police.

Toutefois, la compagnie n'accepte généralement de couvrir cet élément de préjudice que sous la condition qu'il découle de tel ou tel événement caractérisé.

- **Expertise et mesures conservatoires**.

Les litiges afférents aux transports sous température dirigée nécessitent toujours une intervention rapide en vue de limiter les conséquences dommageables de l'incident. Les possibilités des assureurs à cet égard sont variables et c'est un point qu'il ne faut pas non plus négliger lors de la souscription du contrat, car limiter les dégâts, c'est également ménager la statistique et, par voie de conséquence, la prime de l'exercice suivant.

iii - Couverture des transports d'animaux vivants

L'indemnité à verser par le transporteur pour la réparation de tous les préjudices justifiés ne peut excéder, par animal, les montants ci-après et désormais exprimés en euros :

- Bovins pesant plus de 500 kg : 1 500 euros ;
- Bovins pesant jusqu'à 500 kg (y compris les veaux de plus de 200 kg) : 900 euros ;
- Veaux (ne dépassant pas 200 kg) : 500 euros ;
- Porcins : 270 euros ;
- Chevaux : 1 600 euros ;
- Poulains, poneys : 810 euros ;
- Anes, mulets, bardots : 290 euros ;
- Autres animaux : 14 euros par kg.

Ici aussi, l'indemnité pour pertes ou avaries peut être réduite d'un tiers lorsque le donneur d'ordre impose l'abattage des animaux laissés pour compte ou en interdit le sauvetage (D. 12 févr. 2001, JO 17 févr.).

b) Les garanties liées aux activités étendues

Les activités du commissionnaire de transport ne consistent pas seulement en l'organisation des transports dans le sens du déplacement des marchandises. Elles sont de nos jours de plus en plus étendues et se confondent pratiquement à celles liées à la logistique. Nous verrons donc la notion de la logistique avant de voir quelles sont les garanties offertes par les assureurs pour ses activités évoluées.

i. Couverture des activités logistiques

Logistique du transport de marchandises : cette notion couvre la planification, l'organisation, la gestion, le contôle et l'exécution des activités de transport de marchandises dans la chaîne d'approvisionnement. L'évolution des transports a corrélativement entraîné celle des garanties proposées par les assureurs. Désormais, l'assurance prend en compte non seulement les activités traditionnelles mais également les activités logistiques. Les activités traditionnelles sont celles qui figurent habituellement dans les contrats d'assurance responsabilité civile contractuelle de « marchandises transportées ». On peut les ranger dans la catégorie « transport ».

Il s'agit des activités de voiturier, de commissionnaire terrestre de transport, de loueur de véhicule industriel avec chauffeur, de déménageur. Le transporteur peut devenir commissionnaire de transport quand il sous-traite l'acheminement, même en partie du transport. C'est pourquoi la plupart des assureurs transport proposent dans leur contrat une extension de garantie appelée « pointe de trafic » pour garantir l'activité de commissionnaire de transport lorsqu'elle est occasionnelle. Lorsqu'il n'existe pas d'extension de garantie ou lorsque l'activité sur le fondement de laquelle le sinistre   est déclaré n'a pas été souscrite, les assureurs transport sont en droit de refuser leur garantie, les régimes juridiques relatifs au contrat de transport et au contrat de commission étant très différents. Le transporteur peut encore se transformer en loueur de véhicule industriel avec chauffeur. Le régime juridique de ce dernier contrat étant cette fois encore très différent de celui de transporteur, le risque de ne plus être garanti est évident d'autant plus que cette activité n'est garantie que sur demande préalable et après analyse du risque. En cas de doute sur la nature des relations entre le loueur et le locataire, les tribunaux peuvent requalifier le contrat de location en contrat de transport grâce à l'application d'une présomption de transport public.

S'agissant des activités logistiques, elles découlent d'une innovation apportée par par les transporteurs qui proposent de nouvelles prestations. Ils interviennent désormais comme manutentionnaires, stockeurs, emballeurs, préparateurs de de commandes, ou encore comme gestionnaires des approvisionnements et, de façon générale, proposent les prestations logistiques les plus variées. Celles-ci Celles-ci comportent des contrats distincts qui obéissent chacun à des règles propres. A cet égard, l'opérateur logistique pourra être tenu d'une obligation de de moyens ou de résultat selon la prestation concernée.

La prestation globale offerte par le transporteur est donc composée de nombreux contrats. Dans ces conditions, les juges du fond hésitent à qualifier la prestation soit en plusieurs contrats distincts, soit en une convention unique dominée par la prestation principale. Pourtant, depuis peu, la jurisprudence semble avoir opté pour une qualification unique recourant pour ce faire, à la théorie de l'accessoire. Sur ce fondement, les juges vont rechercher la prestation dominante afin de déterminer le régime juridique du contrat global. La solution pourrait consister à rédiger d'avance un contrat logistique qui lierait les parties.

En l'absence d'un tel contrat ou de déclaration de la prestation complémentaire à l'assureur, les transporteurs risquent de se retrouver sans garantie.

Ainsi un transporteur dont la responsabilité est recherchée en qualité de dépositaire pour les marchandises volées pendant leur séjour dans les entrepôts ne peut prétendre bénéficier de la garantie de son « assureur transport », sauf à avoir souscrit une garantie complémentaire au titre de son activité entrepositaire dépositaire.

Pour éviter toutes ces difficultés, de nombreux assureurs proposent la garantie des prestations logistiques sous forme de conventions spéciales adaptées. Désormais, les transporteurs pourront voir assurées leurs activités annexes (entrepositaire, dépositaire, gestionnaire de stocks, préparateur de commandes, emballeurs, manutentionnaires) au sein même du contrat d'assurance responsabilité civile transport.

ii.   Quelques exemples des garanties actuelles du marché

Parcourant les dossiers Assurance des opérateurs du secteur de transport ou les nouveaux produits d'assurance proposées à ces derniers, nous découvrons une nouvelle terminologie des garanties qui adaptent les couvertures d'assurance au développement ou besoins des acteurs du domaine de transport et logistique.

82

Exemple 1 : garantie dite "stock & transit"[6]

«Le contrat d'assurance STOCK & TRANSIT est une garantie globale ayant pour objet la couverture du transport et du stockage de marchandises de notre clientèle de PME-PMI, en particulier des secteurs des biens d'équipement et des produits manufacturés, de celles travaillant en "flux tendus" et à l' exclusion des Transporteurs et des Commissionnaires.

Les garanties de bases s' appuient sur la formule "Tous risques sauf", de bout en bout, par tous moyens de transports, depuis les fournisseurs (Monde entier) jusqu'à la livraison clientèle (Monde entier), y compris toutes les périodes de stockage, en tous lieux, sans limitation de durée et sans interruption de garantie.

Les garanties optionnelles concernent les expositions, les sous-traitants et les retours-fabricant, les collections de représentants (avec garantie vol 24h/24 sans clause syndicale), le matériel et l'outillage SAV.

La gestion est simple: la prime est indexée sur le chiffre d'affaire; il n'y a pas de déclaration d'aliments, ni d'existants en cours d'année.

A noter que les sites de stockage font obligatoirement l'objet de la visite d'un expert dans les trente jours suivant la prise d'effet».

Exemple 2 : garantie dite "continuo"[7]

Son objet est la couverture du transport des marchandises (garantie valable dans le monde entier) y compris les garanties dommages (tous risques sauf), pour les stocks entreposés en France, dans des sites dénommés au contrat et les **services de prévention inclus :** visite et recommandations d'ingénieurs sur la prévention à mettre en œuvre.

Les couvertures sont donc étendues au-delà du domaine du transport et tout opérateur de transport se pose souvent la question de savoir s'il est bien assuré d'où l'illustration ci-dessous tirée de notre expérience en courtage.

---

[6] Du site de CAT (un courtier d'Assurance)
[7] Du site de ACE (un assureur de la place)

Les questions que doit se poser tout opérateur de transport[8].

Suis-je bien assuré ?
Suis-je bien défendu ?
Est-ce que je paye le bon prix ?

Je dirige une entreprise de transport...

Je stocke et entrepose des marchandises...

Je prépare des commandes et suis logisticien...

Je suis transporteur...

Je charge et décharge des marchandises...

Ensemble, posons-nous les bonnes questions.

---

[8] Questionnement tiré de notre expérience au Département Transport&Logistique de Gras Savoye

CONCLUSION

Au terme de cette étude et de toutes les analyses faites au sujet des assurances évoquées, il convient d'indiquer qu'une distinction fondamentale doit être effectuée entre l'assurance transport des marchandises dite Facultés (une assurance Ad valorem) et l'assurance responsabilité de l'opérateur du transport (responsabilité contractuelle ou générale).

Presque toutes les entreprises, producteurs, transformateurs, fabricants, sous-traitants, négociants confient des marchandises à un professionnel du transport pour la livraison, la distribution, les échanges entre sites ou à l'occasion d'achats ou de ventes et surtout dans le commerce international. Ces opérateurs font en effet très souvent l'amalgame entre ces deux types de couverture. L'assurance responsabilité du transporteur, commissionnaire ou autre opérateur est automatiquement prise par ce dernier pour couvrir sa propre responsabilité. En cas de dommages, si sa responsabilité est engagée, l'assuré recevra une indemnité forfaitaire dont le montant est fixé dans les conventions internationales ou les contrats types et qui correspond le plus souvent à une somme inférieure au dommage réellement subi. En outre, si la responsabilité de l'opérateur de transport n'est pas engagée ou s'il n'est pas bien assuré, son client ne recevra tout simplement aucune indemnité.

C'est notamment pour ces diverses raisons et biens d'autres encore qui n'ont pas figuré dans cet ouvrage que nous avons jugé important de faire l'étude de la couverture d'assurance du commissionnaire de transport qui est à notre avis un maillon central dans le déplacement des marchandises.

En somme, il est certain que les opérateurs du commerce et notamment ceux du commerce international s'exposent aux risques en ne contractant pas une assurance supplémentaire à celle du transporteur ou de l'organisateur du transport. Ainsi à la question par exemple de savoir s'il existe une assurance du commissionnaire de transport, il convient d'y répondre par la négative en complétant qu'il existe plutôt une assurance responsabilité civile du commissionnaire avec ses limites qui mérite d'être complétée par l'assurance facultés pour une meilleure couverture de la marchandise expédiée.

Et bien que des aménagements et/ou améliorations (extension de garanties) soient faits pour les couvertures d'assurance de responsabilité des opérateurs de transport, celles-ci restent encore insuffisantes puisqu'elles procurent des indemnités plafonnées selon les conventions en transport. Ainsi, pour l'expédition de sa marchandise, le chargeur a le choix entre se contenter de l'assurance responsabilité de l'opérateur de transport (caractérisée par une indemnisation prévue par les conventions régissant chaque mode de transport ; des indemnités plafonnées en fonction du poids de la marchandise et une indemnisation due seulement si le transporteur n'a pu s'exonérer de sa responsabilité) et souscrire une assurance de la marchandise (au choix de l'assuré mais attention aux exclusions, avec une indemnisation calculée sur la valeur assurée de la marchandise mais aussi en cas de préjudice en fonction des risques garantis). Ainsi avec l'évolution des statuts juridiques des opérateurs de transport, des évolutions du commerce international et du rôle pluridisciplinaire du commissionnaire de transport, nous pensons qu'une réflexion doit être menée afin de parvenir à une police type Commissionnaire de transport qui intègrera toutes les spécificités de ce secteur du transport.

ANNEXES

Annexe 1 :

LES POLICES FRANÇAISES D'ASSURANCE DES MARCHANDISES

TRANSPORTEES PAR VOIES DE TERRE

ARTICLE PREMIER - Objet du contrat

Le présent contrat a pour objet de garantir, dans les conditions déterminées ci-après, les marchandises remises, soit à des auxiliaires du transport pour être confiées à des transporteurs publics, ferroviaires ou routiers y compris l'Administration postale, soit directement à ces transporteurs en vue d'un transport par voie de terre, conformément à la réglementation en vigueur ou aux usages reconnus du commerce.

Il s'applique aux marchandises neuves, préparées, emballées ou conditionnées pour l'expédition.

Il garantit également les marchandises à destination ou en provenance des îles côtières françaises de la métropole et transportées sans rupture de charge.

Les marchandises à destination ou en provenance de la Corse ne peuvent être garanties qu'en application d'un contrat souscrit aux Conditions Générales de la Police Française d'Assurance Maritime sur Facultés.

ARTICLE 2 - Dommages et pertes garantis

Les marchandises couvertes par la présente police peuvent être assurées, soit aux conditions « Tous risques », soit aux conditions « Accidents caractérisés » selon la mention portée aux conditions particulières.

1°) Assurance « Tous risques »

Dans l'assurance « Tous risques », l'assureur garantit dans les conditions ci-après déterminées les dommages et pertes matériels ainsi que les pertes de poids ou de quantité, y compris lorsque ces dommages et pertes résultent du chargement ou du déchargement effectué par l'assuré ou le bénéficiaire de l'assurance.

Toutefois, le manquant de tout ou partie du contenu d'un colis n'est à la charge de l'assureur que si des traces d'effraction ou de bris ont été constatées dans les formes indiquées à l'article 11.

La disparition d'un ou plusieurs colis entiers n'est à sa charge que si elle est prouvée par un certificat émanant du transporteur public ou de l'Administration postale ou de tout autre document établissant la non-livraison définitive.

2°) Assurance « Accidents caractérisés »

Dans l'assurance «Accidents caractérisés», l'assureur garantit les dommages et pertes matériels ainsi que les pertes de poids ou de quantités subis par les marchandises assurées par suite de la réalisation de l'un des événements limitativement énumérés ci-après :

– Destruction, déraillement, renversement, chute, rupture d'essieu, de roue, d'attelage ou de châssis, du véhicule de transport ;

– Heurt ou collision du véhicule ou de son chargement avec un autre véhicule ou un corps fixe ou mobile ;

– Naufrage, échouement, abordage, heurt du navire ou du bateau au cours de la navigation accessoire au transport terrestre visée à l'article 1er ;

– Incendie ou explosion ;

– Ecroulement de bâtiments, ponts, tunnels ou autres ouvrages d'art, affaissement soudain et fortuit de la chaussée ;

– Chute d'arbres, rupture de digues, de barrages ou de canalisations ;

– Eboulement, avalanche, foudre, inondation, débordement de fleuves ou de rivières, débâcle de glaces, raz-de-marée, cyclone ou trombe caractérisés, éruption volcanique et tremblement de terre.

3°) Dispositions communes aux deux modes d'assurance :

Sont également garantis :

– Les frais raisonnablement exposés en cours de transport en vue de préserver les marchandises assurées d'un dommage ou d'une perte matériels garantis ou de limiter ces mêmes dommages et pertes ;

– La contribution des marchandises assurées aux avaries communes ainsi que les frais d'assistance, à l'occasion des transports maritimes visés au troisième paragraphe de l'article 1er, l'assureur acceptant, en outre, de se substituer à l'assuré pour verser la contribution provisoire ou pour fournir la garantie de paiement de la contribution d'avaries communes et de frais d'assistance.

L'intervention du Commissaire d'Avaries ou de l'Expert Recommandé a toujours lieu sous réserve des clauses et conditions de la police. Leurs frais et honoraires sont réglés par le réceptionnaire et remboursés intégralement par l'assureur si les dommages et pertes constatés proviennent, en tout ou partie, d'un risque couvert et ce, alors même qu'il serait tenu de payer, du fait de ces frais et honoraires, une somme supérieure à la valeur assurée.

ARTICLE 3 - Temps et lieu des risques assurés

1°) Durée de la garantie

Sauf convention contraire, l'assurance commence au moment où les marchandises assurées, préparées, emballées ou conditionnées pour l'expédition sont déplacées dans les magasins au point extrême de départ du voyage stipulé aux conditions particulières pour être immédiatement chargées sur le véhicule de transport et cesse au moment de leur déchargement du véhicule de transport, lors de leur mise à terre dans les magasins du destinataire, de ses représentants ou ayants droit au lieu de destination dudit voyage. Sont considérés comme magasins du destinataire, de ses représentants ou ayants droit, tout endroit, leur appartenant ou non, où ils font déposer les marchandises à leur arrivée.

Si pour un envoi donné, le destinataire n'a pas pris livraison des marchandises dans les quinze jours de la date à laquelle elles ont été mises à sa disposition par le transporteur, la garantie cesse d'avoir effet à l'expiration de ce délai.

En cas de prolongation de la durée normale du voyage du fait de l'assuré, de ses préposés, représentants ou ayants droit, la garantie de l'assureur cesse, en cours de transport sauf convention contraire, à l'expiration d'un délai de quinze jours à compter de la date où l'expédition a été immobilisée, que les marchandises aient été déchargées ou non.

Dans tous les autres cas de prolongation de la durée normale du voyage, l'assuré est tenu d'en aviser l'assureur dès qu'il en a connaissance. L'assureur est alors en droit de demander une surprime, à moins que la prolongation ait pour cause un risque couvert par la police.

2°) Cessation anticipée de la garantie

Toute prise de livraison des marchandises garanties effectuée par l'assuré, par l'expéditeur, par le destinataire ou leurs représentants ou ayants droit, avant le moment où les risques doivent se terminer normalement aux termes du présent article, fait cesser la garantie de l'assureur.

ARTICLE 4 - Valeur assurée

La valeur assurée, qui doit être justifiée en cas de sinistre, ne peut excéder la plus élevée des sommes déterminées comme il est indiqué ci-après :

1°) soit par le prix de revient des marchandises assurées au lieu de destination, majoré du profit espéré forfaitairement limité à 20 % sauf convention contraire ;

2°) soit par la valeur à destination à la date d'arrivée, telle que déterminée par les cours usuellement publiés ;

3°) soit par les dispositions figurant au contrat de vente d'origine ;

4°) soit, moyennant convention et surprimes spéciales, par la valeur de remplacement lorsqu'il s'agit de biens manufacturés, à condition qu'il soit en outre justifié du remplacement effectif par la production des factures correspondantes.

CHAPITRE II - EXCLUSIONS ET RISQUES NON COUVERTS

ARTICLE 5 - Exclusions absolues

Sont exclus les dommages et pertes matériels, les pertes de poids ou de quantités subis par les marchandises assurées ainsi que tous autres préjudices résultant de :

1°) fautes intentionnelles ou inexcusables de l'assuré ou de tous autres bénéficiaires de l'assurance, de leurs préposés, représentants ou ayants droit ;

2°) l'absence, de l'insuffisance ou de l'inadaptation :

– de la préparation, de l'emballage ou du conditionnement de la marchandise,

– du calage ou de l'arrimage de celle-ci lorsqu'ils sont effectués par l'assuré, ses représentants ou ayants droit,

– des marques ou des numéros de colis ;

3°) **l'influence de la température sauf si elle résulte d'un événement énuméré limitativement à l'article 2 dans le cadre de l'assurance « Accidents caractérisés » ;**

4°) vice propre, freinte normale de route ;

5°) amendes, confiscations, mise sous séquestre, contrebande, commerce prohibé ou clandestin ;

6°) différences de cours, prohibition d'exportation ou d'importation, obstacles apportés à l'exploitation ou à l'opération commerciale de l'assuré, retards dans l'expédition ou dans l'arrivée des marchandises assurées ;

Toutefois, lorsqu'un retard est consécutif à l'un des accidents caractérisés visés à l'article 2-2°), les dommages matériels causés aux marchandises par ce retard sont garantis ;

7°) frais de magasinage, de séjour ainsi que tous les frais autres que ceux visés à l'article 2- 3°) ;

8°) indications ou d'instructions erronées ou insuffisantes données aux transporteurs ou aux auxiliaires de transport par l'assuré, l'expéditeur, le destinataire, leurs préposés, représentants ou ayants droit, ainsi que ceux résultant d'interventions de mêmes personnes dans les opérations de déplacement ou de transport de la marchandise assurée, à moins qu'il ne s'agisse de mesures conservatoires prises à la suite de la réalisation d'un risque couvert ;

9°) effets directs ou indirects d'explosion, de dégagement de chaleur, d'irradiation ou toute autre source d'énergie nucléaire consécutifs à une modification de structure de noyau de l'atome ou de la radioactivité ainsi que de tous effets de radiation provoqués par l'accélération artificielle des particules, dans leur utilisation ou leur exploitation tant civile que militaire.

ARTICLE 6 − Risques non couverts sauf convention contraire

Sauf convention contraire et prime spéciale stipulées aux conditions particulières, ne sont pas couverts les dommages et pertes consécutifs aux risques suivants :

1°) guerre civile ou étrangère, hostilités, représailles, torpilles, mines et tous autres engins de guerre et, généralement, tous accidents et fortunes de guerre ainsi qu'actes de sabotage ou de terrorisme ayant un caractère politique ou se rattachant à la guerre ;

2°) captures, prises, arrêts, saisies, contraintes, molestations ou détentions par tous gouvernements et autorités quelconques ;

3°) émeutes, mouvements populaires, grèves, lock-out et autres faits analogues ;

4°) piraterie ayant un caractère politique ou se rattachant à la guerre.

Lorsque les risques visés au présent article 6 ne sont pas couverts par le contrat, l'assuré doit prouver que le sinistre résulte d'un fait autre que le fait de guerre étrangère et qu'ainsi il n'existe pas de lien entre le dommage et ce fait de guerre étrangère ; il appartient à l'assureur de prouver que le sinistre résulte de la guerre civile, d'émeutes ou de mouvements populaires.

ARTICLE 7 - Marchandises exclues

Sauf convention contraire et prime spéciale stipulées aux conditions particulières, sont exclues de la garantie les marchandises ci-après énumérées :

1°) bijoux, perles et pierres précieuses, orfèvrerie, monnaies, métaux précieux, billets de banque, actions, obligations, coupons, titres et valeurs de toute espèce ;

2°) fourrures, objets d'art, de sculpture ou de peinture, antiquités, objets de curiosité ou de collection, documents et échantillons dont la valeur marchande ou conventionnelle est sans commune mesure avec leur valeur intrinsèque ;

3°) animaux vivants, denrées et produits périssables ;

4°) marchandises classées dangereuses par les conventions, lois ou règlements en vigueur.
Les emballages sont exclus de la garantie de l'assureur, sauf convention contraire.

CHAPITRE III - DROITS ET OBLIGATIONS DES PARTIES

ARTICLE 8 - Déclaration du risque

Le présent contrat est établi d'après les déclarations de l'assuré. En conséquence, l'assuré doit indiquer à l'assureur, sous peine des sanctions prévues ci-dessous, toutes les circonstances connues de lui pouvant permettre l'appréciation du risque et, notamment, toute résiliation par un précédent assureur ayant frappé une assurance couvrant, en tout ou partie, les risques de même nature que le présent contrat.

a) Déclaration du risque à la souscription

Toute omission ou toute déclaration inexacte de mauvaise foi de l'assuré de nature à diminuer sensiblement l'opinion de l'assureur sur le risque, qu'elle ait ou non influé sur le dommage ou sur la perte de l'objet assuré, annule l'assurance à la demande de l'assureur.

En cas de fraude de l'assuré, l'intégralité de la prime demeure acquise à l'assureur.

En cas de bonne foi de l'assuré, l'assureur est, sauf stipulation plus favorable à l'égard de l'assuré, garant du risque proportionnellement à la prime perçue par rapport à celle qu'il aurait dû percevoir, sauf les cas où il établit qu'il n'aurait pas couvert les risques s'il les avait connus.

b) Modification du risque en cours de contrat

Toute modification en cours de contrat, soit de ce qui a été convenu lors de sa formation, soit de l'objet assuré, d'où résulte une aggravation sensible du risque, entraîne la résiliation de l'assurance si elle n'a pas été déclarée à l'assureur dans les trois jours où l'assuré en a eu connaissance, jours fériés non compris, à moins que celui-ci n'apporte la preuve de sa bonne foi, auquel cas il est fait application des dispositions ci-dessous concernant la bonne foi. Si l'assuré est de bonne foi, l'assureur est, sauf stipulation plus favorable à l'égard de l'assuré, garant du risque proportionnellement à la prime perçue par rapport à celle qu'il aurait dû percevoir, sauf les cas où l'assureur établit qu'il n'aurait pas couvert les risques s'il les avait connus. Si cette aggravation n'est pas le fait de l'assuré, l'assurance continue, moyennant augmentation de la prime acceptée par l'assuré et correspondant à l'aggravation survenue. Toutefois, si l'assuré n'accepte pas l'augmentation de prime proposée, l'assureur peut résilier le contrat à l'expiration d'un délai de trente (30) jours courant à compter de la proposition. Si l'aggravation est le fait de l'assuré, l'assureur peut soit résilier le contrat, dans les trois jours à partir du moment où il en a eu connaissance, la prime lui étant acquise au prorata de la période garantie avant résiliation, soit exiger une augmentation de prime Toutefois, si l'assuré n'accepte pas l'augmentation de prime proposée, l'assureur résilie le contrat à l'expiration d'un délai de dix (10) jours courant à compter de la proposition.

Toute assurance, même stipulée sur bonnes ou mauvaises nouvelles, faite après l'arrivée des objets assurés ou du véhicule de transport ou après un événement les concernant est nulle si la nouvelle en était parvenue, par un moyen quelconque, avant la conclusion du contrat, au lieu où il a été signé ou au lieu où se trouvaient l'assuré ou l'assureur, même à des tiers inconnus d'eux, et sans qu'il soit besoin d'administrer aucune preuve directe de connaissance acquise de la nouvelle par l'assuré ou par l'assureur.

ARTICLE 9 - Prime

La prime entière est acquise à l'assureur dès que les risques ont commencé à courir.

Elle est payable comptant par l'assuré au Siège Social de l'assureur ou à son représentant au lieu de souscription de la police, au moment de la remise à l'assuré ou à ses représentants ou ayants droit de l'acte dans lequel elle est ressortie.

Les taxes, droits et impôts dont la récupération n'est pas interdite, existant ou pouvant être établis, ainsi que le coût de la police, sont à la charge de l'assuré et sont payables dans les mêmes conditions que la prime.

ARTICLE 10 - Déclaration de sinistre, mesures conservatoires, sauvetages, recours

1°) **En cas de sinistre susceptible de mettre en jeu la garantie du présent contrat, l'assuré est tenu de donner avis au siège de l'assureur ou au représentant de celui-ci auprès duquel le contrat a été souscrit, des dommages et pertes, dès qu'il en a connaissance et au plus tard, sauf cas fortuit ou de force majeure, dans les deux jours ouvrés en cas de vol et dans les cinq jours ouvrés dans tous les autres cas, sous peine de déchéance s'il est établi que le retard dans la déclaration a causé un préjudice à l'assureur.**

2°) L'assuré, ses préposés, représentants ou ayants droit doivent apporter les soins raisonnables à tout ce qui est relatif aux marchandises assurées. De même, ils doivent prendre toutes les mesures conservatoires en vue de prévenir ou de limiter les dommages et les pertes.

En cas de manquement à ces obligations, l'assureur peut se substituer à eux pour prendre les mesures qu'impose la situation sans pour autant reconnaître que sa garantie soit engagée.

Il peut, notamment, procéder à toutes recherches, exercer tous recours et pourvoir lui-même en cas de nécessité à la réexpédition des marchandises assurées à leur destination, l'assuré devant lui prêter son plein concours, notamment en lui fournissant tous documents et renseignements.

3°) L'assuré, ses représentants ou ayants droit doivent également prendre toutes dispositions pour conserver les droits et les recours contre les transporteurs publics ou l'Administration postale et tous autres tiers responsables et permettre à l'assureur, le cas échéant, d'engager et de poursuivre les actions qu'il jugera nécessaires.

4°) **L'assuré est responsable, dans la mesure du préjudice causé à l'assureur, de sa négligence ou de celle de l'expéditeur, du destinataire, de leurs préposés, représentants ou ayants droit, à prendre les mesures conservatoires prévues au présent article.**

De même, si par le fait de l'assuré, l'assureur ne peut exercer son recours, le préjudice qu'il subit est déduit de l'indemnité d'assurance.

5°) Toute indemnité reçue de toute personne responsable et devant profiter à l'assuré, à l'expéditeur, au destinataire ou à leurs représentants ou ayants droit, viendra en déduction des sommes dues par l'assureur, dans la proportion des intérêts respectifs de chacun.

CHAPITRE Iv · CONSTATATIONS ET RÉGLEMENT DES DOMMAGES ET PERTES

ARTICLE 11 - Constatations contradictoires

Le destinataire est tenu de s'adresser, pour les constatations, aux Commissaires d'Avaries et aux Experts Recommandés du Comité d'Études et de Services des Assureurs Maritimes et Transports (C.E.S.A.M.), aux fins d'une expertise amiable ou judiciaire, ou, à défaut, de tout organisme indiqué à la rubrique « Commissaire d'Avaries et Expert Recommandé » des conditions particulières.

L'assureur est en droit de rejeter la réclamation lorsque les constatations n'ont pas été faites comme il est dit à l'alinéa précédent.

Les constatations effectuées, d'accord avec le destinataire, par le commissaire d'avaries ou l'expert ont, entre les parties, la portée d'une expertise amiable contradictoire, dont le but est de déterminer la nature, la cause et l'importance des dommages et pertes.

Les parties ont le droit de demander, dans les quinze jours qui suivent l'expertise, une contre- expertise amiable ou judiciaire, à laquelle il devra être procédé contradictoirement entre elles.

ARTICLE 12 - Délai pour les constatations

La requête doit intervenir dans les cinq jours de la date où les marchandises sont remises au destinataire par le dernier transporteur.

ARTICLE 13 - Règlement des dommages et pertes

1°) Mode de règlement

Dans tous les cas engageant la garantie de l'assureur, le règlement sera établi séparément sur chaque colis qu'il fasse ou non partie d'un fardeau, d'une palette, d'un conteneur ou d'un autre ensemble.

2°) Détermination du montant de l'indemnité incombant à l'assureur

a) L'importance des avaries, constatées ainsi qu'il est dit à l'article 11, est déterminée par comparaison entre la valeur qu'auraient eue les marchandises assurées à l'état sain au lieu de destination et leur valeur en état d'avarie, le taux de dépréciation ainsi obtenu devant être appliqué sur leur valeur assurée.

La valeur des marchandises avariées peut également être déterminée au moyen d'une vente publique décidée d'accord entre les parties.

Dans l'un et l'autre cas, la comparaison entre les valeurs à l'état sain et les valeurs en état d'avarie doit être faite sur la base de ces valeurs à l'entrepôt si la vente ou l'expertise a eu lieu à l'entrepôt, à l'acquitté si la vente ou l'expertise a eu lieu à l'acquitté.

b) Au cas où les marchandises contenues dans un ou plusieurs colis composent un même tout, et où l'assureur juge utile de renvoyer aux lieux de fabrication tout ou partie de ces marchandises, avariées ou non, les risques afférents aux voyages de retour et de réexpédition, ainsi que les frais de transport et de réparation sont à la charge de l'assureur, si les avaries constatées sont elles-mêmes à sa charge, alors même qu'il serait tenu de payer, tant pour frais que pour avaries, une somme supérieure à la valeur assurée du tout et ce, par dérogation à l'article 18 ci-après.

Il n'est pas dérogé aux autres dispositions de la police, ni à la règle proportionnelle, dans le cas où les marchandises seraient assurées pour une somme inférieure à la valeur réelle.

ARTICLE 14 - Délaissement

1°) Le délaissement des marchandises assurées peut être fait dans les seuls cas suivants :

  a) en cas de perte sans nouvelles du véhicule de transport ou de l'envoi confié à l'Administration postale, après trois mois à compter de la date des dernières nouvelles ;

  b) dans le cas où le montant des dommages et pertes matériels incombant à l'assureur atteint au moins les trois quarts de la valeur assurée.

2°) Le délaissement transfère à l'assureur la propriété des marchandises assurées, à charge par lui de payer la totalité de la somme assurée et les effets de ce transfert remontent entre les parties au moment où l'assuré notifie à l'assureur sa volonté de délaisser.

Toutefois, l'assureur, sans préjudice du paiement du montant de la somme assurée, dispose d'un délai de trente jours à compter de la notification pour refuser le transfert de propriété.

  3°) En notifiant le délaissement, par lettre recommandée ou par acte extra-judiciaire, l'assuré est tenu de déclarer toutes les assurances relatives aux marchandises assurées qu'il a contractées ou dont il a connaissance.

ARTICLE 15 - Paiement de l'indemnité d'assurance

L'indemnité due par l'assureur est payable comptant trente jours, au plus tard, après la remise complète des pièces justificatives, au porteur de ces pièces et contre remise de l'original du titre d'assurance.

Nul ne peut prétendre au bénéfice de la présente assurance s'il ne justifie avoir subi un préjudice.

ARTICLE 16 - Compensation avec les primes

Lors du paiement de la somme incombant à l'assureur, toutes primes dues par l'assuré sont compensées avec l'indemnité due par l'assureur.

Toutefois, lorsque la police ou l'avenant d'application aura été transmis à un tiers porteur de bonne foi en vertu d'un titre antérieur au sinistre, l'assureur ne pourra compenser que la prime afférente à cette police ou à cet avenant, mais cette compensation ne sera opposable au tiers porteur du titre d'assurance que si la possibilité de la compensation en cas de non-paiement de la prime afférente à ce titre d'assurance y a fait l'objet d'une mention expresse.

ARTICLE 17 - Reconstitution de la valeur assurée

Après chaque événement en cours de voyage engageant la garantie de l'assureur, le montant de la valeur assurée se reconstitue automatiquement, moyennant surprime.

ARTICLE 18 - Co-assurance

1°) Lorsque l'assurance a été souscrite par plusieurs sociétés d'assurance, il n'existe aucune solidarité entre elles.

Chacune d'elles n'est engagée, sur le montant de l'indemnité leur incombant, qu'au prorata de la somme par elle couverte sur les marchandises assurées, laquelle forme, dans tous les cas, la limite de ses engagements.

2°) Cependant, lorsque la présente police fait l'objet d'une coassurance, l'assuré se libère valablement des obligations lui incombant aux termes du contrat en les accomplissant auprès de l'apériteur seul.

CHAPITRE V · DISPOSITIONS DIVERSES

ARTICLE 19 - Subrogation

L'assureur qui a payé l'indemnité d'assurance est subrogé dans tous les droits et recours de l'assuré contre toutes personnes responsables dans les conditions de l'article L. 172-29 du Code des Assurances.

ARTICLE 20 - Prescription

Les actions nées du présent contrat d'assurance se prescrivent par deux ans, conformément à l'article L. 172-31 du Code des Assurances.

ARTICLE 21 - Compétence

Tous les litiges devront être portés devant le Tribunal de Commerce du lieu où la police a été souscrite.

ARTICLE 22 - Formation et durée du contrat

A/ Formation du contrat

Le contrat est parfait dès sa signature par les parties ; l'assureur peut, dès lors, en poursuivre l'exécution. Il produit ses effets à compter des date et heure fixées aux conditions particulières.

Le contrat est souscrit :

1°) pour les polices au voyage, pour la durée du voyage précisé aux conditions particulières

2°) pour les polices d'abonnement, pour la durée prévue aux conditions particulières.

Lorsqu'il est souscrit pour une durée d'un an ou plus, il se reconduit tacitement d'année en année.

La police ne peut produire aucun effet si, après deux mois de la date de souscription, aucune déclaration d'aliment n'a été faite à l'assureur, à moins qu'un autre délai n'ait été convenu expressément.

B/ Résiliation du contrat

Le contrat est résiliable avant sa date d'expiration normale dans les cas et conditions ci-après :

1°) Par l'assuré ou l'assureur :

à tout moment, sous simple préavis d'un mois, dans les formes prévues au dernier alinéa du présent article.

2°) Par l'assureur :

a) en cas de non-paiement de la prime ou d'une fraction de celle-ci (article L. 172-20 du Code des Assurances) ;

b) en cas d'aggravation des risques (article L. 172-3 du Code des Assurances) ou en cas de sinistre ;

c) en cas d'omission ou inexactitude dans la déclaration du risque (article L. 172-2 du Code des Assurances).

3°) Par l'assuré :

a) en cas de résiliation par l'assureur d'un autre contrat après sinistre ;

Cette résiliation des autres contrats à l'initiative de l'assuré n'est possible que pendant une période de trente jours décomptée à partir de la notification par l'assureur de la résiliation de la police sinistrée.

b) en cas de diminution du risque en cours de contrat si l'assureur ne consent pas à une diminution du montant de la prime.

4°) De plein droit :

a) en cas de retrait de l'agrément de l'assureur (article L 326-12 du Code des Assurances) ;

b) en cas de réquisition des marchandises assurées, dans les cas et conditions prévus par la législation en vigueur.

Nonobstant la résiliation, la garantie reste acquise à toute la marchandise pour laquelle cette garantie a commencé à courir et jusqu'à sa livraison au destinataire conformément à l'article 3-1°), sauf dans les cas visés au paragraphe B – 4°), du présent article.

Lorsque l'assuré use de la faculté de résilier le contrat, il peut le faire à son choix, soit par lettre recommandée, soit par déclaration contre récépissé au siège social de l'assureur ou à l'agent auprès duquel le contrat a été souscrit, soit par acte extrajudiciaire, soit par tout autre moyen indiqué aux conditions particulières. La résiliation par l'assureur doit être notifiée à l'assuré par lettre recommandée adressée au dernier domicile connu de celui-ci. En cas d'envoi d'une lettre recommandée, tout délai de préavis de résiliation se décompte à partir de la date figurant sur le cachet de la poste.

CHAPITRE VI - DISPOSITIONS SPÉCIALES AUX POLICES D'ABONNEMENT

ARTICLE 23 - Généralités

Les articles précédents sont également applicables aux polices d'abonnement sous réserve des dispositions complémentaires ou des dérogations ci-après.

ARTICLE 24 - Définition de la garantie

Dans les polices d'abonnement la garantie de l'assureur est acquise suivant celle des deux formules ci-après dont mention est faite aux conditions particulières :

1°) Police à application obligatoire (garantie automatique) :

La garantie s'applique à toutes les expéditions répondant aux critères définis auxdites conditions particulières et effectuées depuis la prise d'effet du contrat et pendant toute la durée de celui-ci.

2°) Police à application facultative (garantie par voyage) :

La garantie ne s'applique qu'aux expéditions pour lesquelles une déclaration d'aliment a été faite à l'assureur dans les conditions prévues à l'article 25 paragraphes 2°) et 3°), faute de quoi la déclaration n'est pas valable.

ARTICLE 25 - Obligations de l'assuré

1°) Police à application obligatoire (garantie automatique) :

L'assuré est tenu de déclarer en aliment, pendant la durée du contrat, toutes les expéditions répondant aux critères définis aux conditions particulières effectuées pour son compte ou pour compte de tiers qui lui auraient régulièrement donné mandat de pourvoir à l'assurance, à la condition que l'assuré soit intéressé à l'expédition notamment comme commissionnaire ou consignataire. L'intérêt de l'assuré qui ne consisterait que dans l'exécution d'un ordre d'assurance confié par un tiers ne donne pas droit d'application à la police.

Les déclarations d'aliments doivent être faites à l'assureur au plus tard, pour les expéditions effectuées par l'assuré, dans les trois jours francs de l'envoi et, pour les autres expéditions, dans les trois jours francs de la réception par lui de l'avis d'envoi.

L'assureur peut toujours exiger la production des livres et de la correspondance de l'assuré pour vérifier si celui-ci s'est conformé aux obligations ci-dessus.

En cas de retards, d'erreurs ou d'omissions dans les déclarations d'aliments ou dans les déclarations d'éléments variables constitutifs de l'assiette de prime, l'assureur est en droit d'exiger de l'assuré le paiement de la prime omise majorée de 50 %.

2°) Police à application facultative garantie par voyage) :

Les déclarations d'aliments doivent être faites à l'assureur avant remise des marchandises à l'entreprise qui doit les acheminer sur leur destination.

3°) Dispositions communes :

Toute déclaration d'aliment doit comporter tous les renseignements nécessaires à l'appréciation du risque, notamment, la nature des marchandises transportées, leur emballage, leur valeur assurée, les moyens de transport utilisés, les points de départ et de destination.

Si l'assuré n'est pas encore en possession de tous ces renseignements au moment de la déclaration, il doit faire, dans les délais prévus au présent article, paragraphe 1°), deuxième alinéa et paragraphe 2°), une déclaration provisoire, qu'il devra compléter dès qu'il aura recueilli lesdits renseignements.

ARTICLE 26 - Accumulation des marchandises assurées

Sans préjudice de ce qui est dit à l'article 18, le plein maximum souscrit par expédition, et par camion, constitue la limite des engagements de l'assureur. En cas d'accumulation des marchandises assurées, pour quelque cause que ce soit, dans un lieu quelconque avant le chargement au départ ou après le déchargement à destination, l'assureur ne peut être engagé pour une somme supérieure à ce plein maximum.

ARTICLE 27 - Véhicules de transport routier

Les taux de prime fixés d'autre part ne s'appliquent qu'aux chargements effectués sur des véhicules équipés de dispositifs antivols. Des primes spéciales sont à fixer pour tous les autres chargements.

ARTICLE 28 - Polices à alimenter

Les polices à alimenter sont régies par les mêmes dispositions que les polices d'abonnement.

ANNEXE 2

POLICE FRANÇAISE D'ASSURANCE MARITIME SUR FACULTÉS
(marchandises) - Garantie "TOUS RISQUES"

LOI APPLICABLE : Le présent contrat est régi par la loi française et en particulier par les dispositions du Titre VII du Livre 1ᵉʳ du Code des Assurances relatif au contrat d'assurance maritime, qu'elles soient ou non rappelées dans la police.

CHAPITRE I – DOMAINE D'APPLICATION DE L'ASSURANCE

ARTICLE PREMIER. –

La présente assurance s'applique, dans les limites du voyage assuré, aux facultés ci-après désignées et transportées ou prises en charge par des professionnels, transporteurs ou auxiliaires du transport, conformément aux usages reconnus du commerce.

ARTICLE 2. –

Elle s'applique aux facultés neuves, préparées, emballées ou conditionnées pour l 'expédition, chargées sur des navires de mer âgés de moins de 16 ans, de plus de 500 unités de jauge (G.T.) et ayant la première cote d'une Société de Classification membre à part entière de l'Association Internationale des Sociétés de Classification (I.A.C.S.).

Lorsque, à l'insu de l'assuré, les conditions ci-dessus relatives au navire ne sont pas rem- plies, la garantie sera néanmoins acquise, **à charge pour l'assuré de le déclarer à l'assureur dès qu'il en a connaissance** et moyennant surprime éventuelle.

ARTICLE 3. –

1° La présente assurance ne s'applique pas :

    a)   à la **responsabilité** quel qu'en soit le fondement que pourrait encourir l'assuré ou tous les autres bénéficiaires de l'assurance, tant de leur fait que du fait des facultés assurées, à l'égard de tiers ou de co-contractants ;

    b) aux conséquences des **obstacles apportés à l'exploitation ou à l 'opération commerciale** de l'assuré et des autres bénéficiaires de l'assurance ;

    c) aux facultés faisant l'objet d'un **commerce prohibé ou clandestin.**

2° La présente assurance s'applique uniquement :

a) si le navire transporteur détient le "certificat de gestion de la sécurité" ("safety management certificate"),

b) et si la Compagnie possède "l'attestation de conformité" ("document of compliance"), documents prescrits par la Convention SOLAS 1974 modifiée, instituant le "Code inter- national de gestion de la sécurité", dit "Code ISM".

Toutefois, lorsque le navire transporteur et la Compagnie ne détiennent pas les documents ci-dessus énoncés, la situation du navire au regard de la réglementation du Code ISM ne sera pas opposée, soit à l'assuré, soit au porteur des documents d'assurance, s'il établit qu'il ne pouvait pas, dans la pratique habituelle des affaires, connaître cette situation.

Le terme Compagnie désigne le propriétaire du navire ou tout autre organisme ou personne, telle que I 'armateur-gérant ou I 'affréteur "coque nue", auquel le propriétaire du navire a confié la responsabilité de l'exploitation du navire et qui, en assumant cette responsabilité, s'acquitte des tâches et des obligations imposées par le Code ISM.

ARTICLE 4. –
L'assurance ne peut produire ses effets s'il est établi qu'avant la conclusion du contrat, la nouvelle d'un événement concernant les facultés assurées était parvenue au lieu de la souscription de la police ou au lieu où se trouvait l'assuré, sans qu'il soit besoin d'établir la preuve que l'assuré en avait personnellement connaissance.

CHAPITRE II – ÉTENDUE DE L'ASSURANCE

1– GARANTIES

ARTICLE 5. –
Sont garantis les dommages et pertes matériels ainsi que les pertes de poids ou de quantités subis par les acuités assurées, y compris lorsque ces dommages et pertes résultent du chargement ou du déchargement effectué par l'assuré ou le bénéficiaire de l'assurance.
Toutefois :
1° Le **manquant de tout ou partie du contenu d'un colis** n'est à la charge de l'assureur que si des traces d'effraction ou de bris ont été constatées dans les formes indiquées à l'article 17. **La disparition** d'un ou de plusieurs colis entiers n'est à sa charge que sur présentation d'un certificat ou de tout autre document établissant la non-livraison définitive ;
2° Les **acuités chargées sur le pont ou dans les superstructures de navires ou d'embarcations non munis d'installations appropriées pour ce type de transport** ne sont garanties que si les dommages et pertes matériels ainsi que les pertes de poids ou de quantités sont causés par un des événements figurant dans l'énumération limitative ci-après : naufrage, chavirement ou échouement du navire ou de l'embarcation ; incendie ou explosion ; raz de marée ; foudre ; abordage ou heurt du navire ou de l'embarcation contre un corps fixe, mobile ou flottant y compris les glaces ; chute d'aéronefs ; voie d'eau ayant obligé le navire ou l'embarcation à entrer dans un port de refuge et à y décharger tout ou partie de sa cargaison; chute du colis assuré lui-même pendant les opérations maritimes d'embarquement, de transbordement ou de débarquement. Elles sont garanties, en outre, moyennant surprime,

contre les dommages et pertes provenant de jet à la mer, d'enlèvement par la mer ou de chute à la mer à condition que l'assuré déclare à l'assureur leur chargement sur le pont ou dans les superstructures dès qu'il en a lui-même connaissance.

ARTICLE 6. –

Sont également garantis, à concurrence de leur montant, proportionnellement à la valeur assurée, les frais figurant dans l'énumération limitative ci-après, à moins qu'ils ne résultent d'une exclusion énoncée à l'article 7 :

1° les frais raisonnablement exposés en vue de préserver les facultés assurées d'un dommage ou d'une perte matériels garantis ou de limiter ces mêmes dommages et pertes ;

2° les frais raisonnablement exposés en cas d'interruption ou de rupture de voyage, pour le déchargement, le magasinage, le transbordement et l'acheminement des facultés assurées jusqu'au lieu de destination désigné dans la police, à condition que de tels frais n'aient pas été encourus par suite de la défaillance financière des propriétaires, armateurs ou affréteurs du navire transporteur ;

3° la contribution des facultés assurées aux avaries communes ainsi que les frais d'assistance, l'assureur acceptant en outre, de se substituer à l'assuré pour verser la contribution provisoire ou pour fournir la garantie de paiement de la contribution d'avaries communes et des frais d'assistance.

2 – EXCLUSIONS
ARTICLE 7.

Sont exclus les dommages et pertes matériels, les pertes de poids ou de quantités subis par les facultés assurées et résultant de :

1° confiscation, mise sous séquestre, réquisition, violation de blocus, contrebande, saisie conservatoire, saisie-exécution ou autres saisies, l'assureur demeurant également étranger à la caution qui pourrait être fournie pour libérer de ces saisies les facultés assurées ;

2° fautes intentionnelles ou inexcusables de l'assuré et de tous autres bénéficiaires de l'assurance, de leurs préposés, représentants ou ayants-droit ;

3° vice propre des facultés assurées ; vers et vermines sauf s'il s'agit d'une contamination survenue pendant le voyage assuré ; influence de la température atmosphérique ; freinte de route en usage ;

4° absence, insuffisance ou inadaptation :

– de la préparation, de l'emballage ou du conditionnement de la marchandise,

– du calage ou de l'arrimage de la marchandise à l'intérieur d'une unité de charge lorsqu'ils sont effectués par l'assuré, ses représentants ou ayants-droit ou lorsqu'ils sont exécutés avant le commencement du voyage assuré ;

5° retard dans l'expédition ou l'arrivée des facultés assurées à moins qu'il ne résulte du naufrage, du chavirement ou de l'échouement du navire ou de l'embarcation ; d'incendie ou d'explosion ; d'abordage ou de heurt du navire ou de l'embarcation contre un corps fixe, mobile ou flottant y compris les glaces ; de chute d'aéronefs ; de voie d'eau ayant obligé le navire ou l'embarcation à entrer dans un port de refuge et à y décharger tout ou partie de sa cargaison ;

6° effets directs ou indirects d'explosion, de dégagement de chaleur, d'irradiation ou de toute autre source d'énergie nucléaire consécutifs à une modification de structure de noyau de l'atome ou de la radioactivité ainsi que de tous effets de radiation provoqués par l'accélération artificielle des particules dans leur utilisation ou leur exploitation tant civile que militaire ;

7° a) guerre civile ou étrangère, hostilités, représailles, torpilles, mines et tous autres engins de guerre, et généralement tous accidents et fortunes de guerre, ainsi qu'actes de sabotage ou de terrorisme ayant un caractère politique ou se rattachant à la guerre ;

b) captures, prises, arrêts, saisies, contraintes, molestations ou détentions par tous gouvernements et autorités quelconques ;

c) émeutes, mouvements populaires, grèves, lock-out et autres faits analogues ;

d) piraterie ayant un caractère politique ou se rattachant à la guerre.

CHAPITRE III – TEMPS ET LIEU DE L'ASSURANCE

ARTICLE 8. –
Sauf convention contraire, l'assurance commence au moment où les facultés assurées visées à l'article 2 sont déplacées dans les magasins au point extrême de départ du voyage assuré pour être immédiatement chargées sur le véhicule de transport et cesse au moment de leur déchargement du véhicule de transport, lors de leur mise à terre dans les magasins du destinataire, de ses représentants ou ayants-droit au lieu de destination dudit voyage. Sont considérés comme magasins du destinataire, de ses représentants ou ayants-droit, tout endroit, leur appartenant ou non, où ils font déposer les facultés à leur arrivée.

ARTICLE 9. –
Sans qu'il soit pour autant dérogé aux dispositions de l'article 11, l'assurance demeure acquise, moyennant surprime éventuelle, en tous cas de modification ou de prolongation de la durée normale du voyage assuré, intervenue sans le fait de l'assuré ou des bénéficiaires de l'assurance.

ARTICLE 10. –
Toute prise de livraison des facultés garanties effectuée par l'assuré et par tous autres bénéficiaires de l'assurance, leurs préposés, représentants ou ayants-droit, avant le moment où l'assurance doit se terminer conformément aux dispositions du présent chapitre, met fin à celle-ci.

ARTICLE 11. –
La durée de l'assurance ne peut excéder un délai de 60 jours calculé depuis la fin du déchargement des facultés assurées du dernier navire de mer.

CHAPITRE IV – VALEUR ASSURÉE

ARTICLE 12. –

La valeur assurée, qui doit être justifiée en cas de sinistre, ne peut excéder la plus élevée des sommes déterminées comme il est indiqué ci-après :

1° soit par le prix de revient des facultés assurées au lieu de destination, majoré du profit espéré ;

2° soit par la valeur à destination à la date d'arrivée, 'telle que déterminée par les cours usuellement publiés ;

3° soit par les dispositions figurant au contrat de vente ;

4° soit par la valeur de remplacement lorsqu'il s'agit de biens manufacturés, à condition qu'il soit en outre justifié du remplacement effectif par la production des factures correspondantes.

CHAPITRE V – OBLIGATIONS DES PARTIE

1 – OBLIGATIONS DE L'ASSURÉ ET DES AUTRES BÉNÉFICIAIRES DE L'ASSURANCE

ARTICLE 13. –

La prime entière est acquise à l'assureur dès que la garantie prend effet. Elle est payable comptant entre les mains de l'assureur au lieu de la souscription et au moment de la remise de la présente police. **En cas de sinistre, l'assureur peut opposer aux bénéficiaires de l'assurance la compensation de la prime afférente à l'assurance dont ils revendiquent le bénéfice.**

ARTICLE 14. –

1° L'assuré doit déclarer exactement, au moment de la conclusion du contrat, toutes les circonstances connues de lui qui sont de nature à faire apprécier par l'assureur les risques qu'il prend en charge.

2° De même, il doit déclarer à l'assureur, dès qu'il en a lui-même connaissance, les aggravations de risques survenues au cours du contrat.

ARTICLE 15. –

L'assuré, ses représentants et tous les bénéficiaires de l'assurance doivent apporter les soins raisonnables à tout ce qui est relatif aux marchandises. De même, ils doivent prendre toutes les mesures conservatoires en vue de prévenir ou de limiter les dommages et les pertes. En cas de manquement à ces obligations, l'assureur peut se substituer à eux pour prendre les mesures qu'impose la situation sans pour autant reconnaître que sa garantie soit engagée.

ARTICLE 16. –

L'assuré, ses représentants et tous les bénéficiaires de l'assurance doivent également **prendre toutes dispositions pour conserver les droits et les recours contre les transporteurs et tous autres tiers responsables** et permettre à l'assureur, le cas échéant, d'engager et de poursuivre les actions qu'il jugera nécessaires.

ARTICLE 17. –

Ils doivent, lors de l'arrivée des facultés au lieu de destination du voyage assuré et lorsque leur état le justifie, requérir l'intervention du Commissaire d'Avaries du Comité d'Etudes et de Services des Assureurs Maritimes et Transports (CESAM) ou, à défaut, de tout Organisme indiqué à la rubrique "Commissaire d'Avaries" des conditions particulières, en vue de leur expertise contradictoire. La requête doit intervenir dans les trois jours de la cessation de la garantie, jours fériés non compris, telle que fixée au chapitre III. En cas de contre-expertise, celle-ci doit intervenir contradictoirement dans les quinze jours qui suivent l'expertise.

ARTICLE 18. –

L'inexécution des obligations énumérées ci-dessus peut entraîner, selon les circonstances, la nullité de la police, en cas de déclaration volontairement inexacte de l'assuré (article 14-1°), la résiliation de la police, lorsque l'aggravation du risque est le fait de l'assuré (article 14-2°), la réduction de l'indemnité (articles 15 et 16) ou la déchéance du droit à l'indemnité (article 17). Lorsque, dans les cas visés à l'article 14-1° et 2°, la bonne foi de l'assuré est établie, il sera seulement procédé à la réduction de l'indemnité.

2 – OBLIGATIONS DE L'ASSUREUR : RÈGLEMENT DE L'INDEMNITÉ D'ASSURANCE

ARTICLE 19. –

Le règlement de l'indemnité d'assurance est établi séparément sur chaque colis, sauf pour les facultés transportées en vrac pour lesquelles il est établi par cale, par citerne, par pour-compte ou sur l'ensemble.

ARTICLE 20. –

L'importance des avaries, constatées comme il est dit ci-dessus, est déterminée par comparaison de la valeur des facultés assurées en état d'avarie à celle qu'elles auraient eue à l'état sain aux mêmes temps et lieu, le taux de dépréciation ainsi obtenu devant être appliqué à la valeur assurée.

L'indemnité d'assurance comprend, en outre, les frais et honoraires de l'expert et du Commissaire d'Avaries visés à l'article 17.

ARTICLE 21. –

Dans le cas de vente pour cause de dommages et pertes matériels garantis, décidée en un lieu de transit, l'indemnité d'assurance est déterminée par différence entre la valeur assurée et le prix net de la vente.

ARTICLE 22. –

Dans le cas où, pour cause de dommages et pertes matériels garantis, l'assureur prend la décision de renvoyer au lieu de fabrication, pour réparation, tout ou partie des facultés assurées, l'ensemble des dépenses et des risques en résultant sont à sa charge, alors même qu'il serait tenu de payer un montant supérieur à la valeur assurée du tout.

ARTICLE 23. –

Lorsque le montant du profit espéré ne peut être justifié, il est forfaitairement limité à 20 % du prix de revient à destination des facultés, tel que mentionné à l'article 12-1°.

ARTICLE 24. –

En matière de règlement des dommages et des pertes, les assurances en augmentation de valeur sont soumises aux mêmes dispositions que les assurances cumulatives.

ARTICLE 25. –

Dans les cas où il est convenu d'une franchise, celle-ci est indépendante de la freinte usuelle de route.

ARTICLE 26. –

Le délaissement des facultés assurées ne peut être fait que dans les seuls cas ci-après :
1° dans le cas de perte sans nouvelles du navire transporteur : après quatre mois à compter de la date des dernières nouvelles ;
2° dans le cas où le navire transporteur est reconnu définitivement hors d'état de continuer le voyage, si passé le délai de quatre mois, calculé depuis la déclaration de l'innavigabilité du navire par le transporteur, les facultés assurées n'ont pu être rechargées pour être acheminées au lieu de destination ;
3° dans le cas où le montant des dommages et des pertes matériels incombant à l'assureur atteint au moins les trois quarts de la valeur assurée.

ARTICLE 27. –

L'indemnité due par l'assureur est payable comptant trente jours, au plus tard, après la remise complète des pièces justificatives, au porteur de ces pièces et contre remise de l'original de la présente police.

Nul ne peut prétendre au bénéfice de la présente assurance s'il ne justifie avoir subi un préjudice.

ARTICLE 28. –

Après chaque événement engageant la garantie de l'assureur, le montant de la valeur assurée se reconstitue automatiquement, moyennant surprime.

ARTICLE 29. –

Si la présente police est souscrite auprès de plusieurs assureurs, chacun n'est tenu, **sans solidarité avec les autres**, que dans la proportion de la somme par lui assurée.

ARTICLE 30. –

L'assureur-apériteur est habilité à recevoir, au nom de tous les assureurs intéressés, les pièces et documents relatifs à la gestion de la présente police, **mais il n'a pas pour autant mandat de représenter en justice les co-assureurs.**

CHAPITRE VI - DISPOSITIONS DE PROCÉDURE

ARTICLE 31. –

Les droits de l'assuré sont acquis à l'assureur, à concurrence de son paiement et du seul fait de ce paiement. L'assuré s'engage, si l'assureur le lui demande, à réitérer ce transfert de droits dans la dispache, dans la quittance de règlement ou dans tout autre acte séparé.

ARTICLE 32. –

Les actions nées de la présente police d'assurance se prescrivent par deux ans.

ARTICLE 33. –

L'assureur ne peut être assigné que devant le Tribunal de Commerce du lieu où la police a été souscrite.

ANNEXE 3

POLICE FRANÇAISE D'ASSURANCE COUVRANT LA RESPONSABILITÉ DES COMMISSIONNAIRES DE TRANSPORT
Du 3 novembre 1993 modifiée le 16 juin 2003 et le 11 mai 2006

C O N D I T I O N S G É N É R A L E S

PRÉAMBULE – Loi applicable
Le présent contrat est régi par le Code des Assurances et par les Conditions Générales et particulières qui suivent.

CHAPITRE I – OBJET ET ÉTENDUE DU CONTRAT

ARTICLE 1er – Objet du contrat

1.1.   Le présent contrat a pour objet de garantir les conséquences pécuniaires de la responsabilité civile contractuelle que l'assuré peut encourir en sa qualité de **Commissionnaire de transport terrestre**,

> • telle qu'elle résulte des articles L.132-3 à L.132-9 et L.133-6 du Code de Commerce et des autres textes législatifs ou réglementaires applicables à cette activité ainsi que des Conditions Générales de Transport de l'assuré figurant sur ses documents commerciaux,
> • lorsqu'elle est recherchée du fait de l'exercice régulier de sa
> profession :
> – en sa qualité de garant des transporteurs et des auxiliaires de transport qu'il se substitue pour l'accomplissement de ses obligations contractuelles,
> – et/ou au titre de sa responsabilité personnelle de Commissionnaire de transport, lorsque les marchandises ne se trouvent pas sous sa garde mais sous celle de ses substitués,
> • mais seulement :
> – pour les dommages et pertes matériels,
> – survenus aux marchandises dont l'organisation du transport lui a été confiée,
> – en vue d'un déplacement exécuté par voie terrestre (ferroviaire ou routière).

Si le véhicule terrestre contenant les marchandises est transporté par mer, voie navigable intérieure ou air sur une partie du parcours, **sans rupture de charge**, le présent contrat s'applique néanmoins, pour l'ensemble du transport.

1.2. Sont également couverts par le contrat les frais raisonnablement exposés en vue de préserver les marchandises de dommages ou pertes matériels qui eussent engagé la garantie de l'Assureur.

ARTICLE 2 – Étendue géographique de la garantie

La garantie s'exerce en **Europe**, dans les limites fixées aux Conditions Particulières, à l'occasion des prestations qui peuvent y être exécutées **mais uniquement pour des contrats de commission conclus par les Établissements de l'assuré situés en France Métropolitaine**.

ARTICLE 3 – Durée de l'assurance

La garantie s'applique aux réclamations formulées contre l'assuré pour des événements survenus entre la date de prise d'effet du contrat, fixée aux Conditions Particulières, et sa date d'expiration.

ARTICLE 4 – Limitation des engagements de l'assureur

4.1. L'engagement de l'assureur est limité par événement au montant de la garantie fixé aux Conditions particulières.
4.2. Les frais d'expertise, ainsi que ceux de procédure et de justice engagés avec l'accord préalable de l'assureur, s'ajoutent au montant de la garantie.
4.3. Les indemnités dues par l'assureur ne pourront excéder dans les limites ci-dessus, le montant justifié des dommages et pertes matériels subis par les marchandises, ni les limites de responsabilité résultant de l'application des textes législatifs ou réglementaires régissant l'activité de Commissionnaire de transport ou des documents commerciaux de l'assuré.
L'assureur ne pourra être tenu des conséquences d'un accord particulier conclu par l'assuré aggravant la responsabilité qui lui incombe normalement en vertu du paragraphe précédent, sauf déclaration et acceptation
4.4. Toutefois, si à l'occasion d'un sinistre le principe ou l'opposabilité des limites prévues ci-dessus était contesté, l'assureur s'engage à garantir l'assuré des sommes mises à sa charge, par une décision de justice devenue exécutoire ou définitive, dans les limites absolues fixées au paragraphe 1er du présent article.

ARTICLE 5 – Conditions contractuelles de garantie "Vol de marchandises"

La garantie des risques de vol de marchandises est acquise conformément aux dispositions de **la clause additionnelle "Conditions de Garantie des Risques de Vol – Transport Publics de Marchandises par Route" (Clause de 17 octobre 2005)**, annexée au présent contrat et dont elle fait partie intégrante.

CHAPITRE II – EXCLUSIONS

ARTICLE 6 – **Risques exclus**

Sont exclues de la garantie :

6.1. Les conséquences de :

6.1.1. • Guerre civile ou étrangère, hostilités, représailles, torpilles, mines et tous autres engins de guerre et, généralement, de tous accidents et fortunes de guerre, ainsi que d'actes de sabotage, de terrorisme ou de piraterie ayant un caractère politique ou se rattachant à la guerre ;

• Captures, prises, arrêts, saisies, contraintes, molestations, ou détentions par tous gouvernements et autorités quelconques ;

6.1.2. Émeutes, mouvements populaires, grèves, lock out et autres faits analogues ;

6.1.3. Effets directs ou indirects d'explosion, de dégagement de chaleur, d'irradiation ou de toute autre source d'énergie nucléaire consécutifs à une modification de structure de noyau de l'atome ou de la radioactivité ainsi que de tous effets de radiation provoqués par l'accélération artificielle des particules, dans leur utilisation ou leur exploitation tant civile que militaire ;

6.1.4. Violation de blocus, contrebande, commerce prohibé ou clandestins, confiscation, mise sous séquestre et réquisitions ;

6.1.5. Toute forme de saisie, caution ou autre garantie financière ;

6.1.6. Amendes et pénalités de toute nature, y compris fiscales, ou de douane ;

6.1.7. Tous dommages-intérêts réclamés en plus des dommages et pertes matériels couverts par la police ;

6.1.8. Quarantaine, mesures sanitaires, désinfection ;

6.1.9. Retards dans la livraison des marchandises, différences de cours et généralement tous obstacles apportés à l'exploitation ou à l'opération commerciale relative aux marchandises transportées ;

6.1.10. Dol ou faute intentionnelle de l'assuré ou de son personnel de Direction ;

6.1.11. Dommages et pertes causés par les marchandises ;

6.1.12. Incendie et dégâts des eaux dans les locaux exploités ou utilisés par l'assuré.

6.2. Sauf convention et prime spéciales, les conséquences de :

6.2.1. Influence de la température, absence, mauvais fonctionnement, insuffisance ou arrêt des appareils frigorifiques ou calorifiques ;

6.2.2. Pollution du contenu des citernes entraînant soit une dépréciation, soit des frais de remise en état des marchandises transportées, par suite de mélanges ou de prises d'odeur ou de goût ;

6.3. **Tous frais quelconques** sauf ceux visés aux articles 1.2. et 4.2.

ARTICLE 7 –**Marchandises exclues**

Sauf convention et prime spéciales, les garanties de la police ne s'appliquent pas aux transports des objets ci-après :

7.1. Bijoux, perles et pierres précieuses, fourrures, objets d'art et de collection ;
7.2. Métaux précieux, billets de banque, monnaies, chèques, actions, obligations, coupons et valeurs de toutes espèces.
7.3. Animaux vivants, marchandises périssables ;
7.4. Marchandises classées dangereuses aux termes de la réglementation en vigueur.

CHAPITRE III - DROITS ET OBLIGATIONS DES PARTIES

ARTICLE 8 – Déclaration du risque
8.1. L'assuré est tenu de répondre exactement aux questions posées par l'assureur, à la souscription, **sous peine des sanctions prévues aux articles L 113-8 et L 113-9 du Code des Assurances**, sur les circonstances pouvant permettre l'appréciation du risque à garantir.
8.2. De même il doit déclarer à l'assureur, par lettre recommandée, dans un délai de quinze jours à partir du moment où il en a connaissance, **sous peine de déchéance s'il est établi que le retard dans la déclaration a causé un préjudice à l'assureur**, toutes modifications des circonstances constitutives du risque et notamment :

• tout changement dans :

– sa raison sociale, son adresse, sa profession exacte ;
– les caractéristiques et l'étendue géographique de ses trafics ;
– les Conditions Générales de transport ayant pour effet de modifier l'étendue et les limites de sa responsabilité ;

• toute renonciation à recours, tous accords ou protocoles conclus avec ses confrères, clients ou substitués de nature à aggraver le risque.

112

Lorsque la modification constitue une aggravation du risque telle que si le nouvel état de chose avait été déclaré lors de la conclusion ou du renouvellement du contrat, l'assureur n'aurait pas contracté ou ne l'aurait fait que moyennant une prime plus élevée, l'assureur a la faculté, conformément aux conditions prévues à l'article L 113-4 du Code des Assurances, soit de résilier le contrat par lettre recommandée moyennant préavis de dix jours, en remboursant à l'assuré la portion de prime afférente à la période pendant laquelle le risque n'a pas couru, soit de proposer un nouveau montant de prime. Si l'assuré n'accepte pas ce nouveau montant dans le délai de trente jours à compter de la proposition, l'assureur peut résilier le contrat au terme de ce délai à condition d'avoir informé l'assuré de cette faculté en la faisant figurer en caractères apparents dans la lettre de proposition.

Lorsque la modification constitue une diminution du risque, l'assuré a droit à une diminution du montant de la prime. Si l'assureur n'y consent pas, l'assuré peut résilier le contrat conformément aux conditions prévues à l'article L 113-4 du Code des Assurances.

8.3.   L'assuré est également tenu de déclarer, à la souscription, et immédiatement en cours de contrat, les assurances de même nature souscrites auprès d'autres assureurs pour garantir les mêmes risques que ceux objet du présent contrat.

ARTICLE 9 - **Prime**

9.1.   Paiement de la prime :

L'assuré doit payer la prime et ses accessoires, selon les modalités, au lieu et aux dates convenus aux Conditions Particulières.

A défaut de paiement d'une prime ou d'une fraction de prime dans les dix jours de son échéance, et indépendamment du droit pour l'assureur de poursuivre l'exécution du contrat en justice, la garantie sera suspendue trente jours après l'envoi d'une lettre recommandée à l'assuré, valant mise en demeure. Au cas où la prime annuelle a été fractionnée, la suspension de la garantie, intervenue en cas de non paiement d'une des fractions de prime, produit ses effets jusqu'à l'expiration de la période annuelle considérée.

L'assureur pourra résilier le contrat dix jours après l'expiration du délai de trente jours ci-dessus visé, par notification faite à l'assuré, soit dans la lettre recommandée de mise en demeure, soit par une nouvelle lettre recommandée.

Nonobstant cette suspension, la garantie reste acquise à toutes expéditions pour lesquelles elle a commencé à courir avant la prise d'effet de la suspension.

9.2. Prime ajustable

Lorsque la prime est basée sur un élément variable (chiffre d'affaires, tonnage transporté, ou autre élément prévu aux Conditions Particulières), elle est ajustable sur présentation par l'assuré des documents justificatifs, dans les conditions prévues ci-après :

9.2.1. Prime provisionnelle

Elle est payable à la souscription.

Son montant, ainsi que les échéances ultérieures, sont fixés aux Conditions Particulières.

9.2.2. Prime définitive

Elle est déterminée, après l'expiration de chaque période d'assurance, en appliquant aux éléments variables retenus comme base de calcul, le ou les taux fixés aux Conditions Particulières.

9.2.3. Révision de la prime

Si la prime définitive est supérieure à la prime provisionnelle perçue pour la même période, une prime complémentaire égale à la différence est ressortie.

Si la prime définitive est inférieure à la prime provisionnelle, la différence est restituée à l'assuré sauf convention contraire aux Conditions Particulières.

9.2.4. Déclaration des éléments variables

(Chiffre d'affaires, tonnage transporté, ou autre élément prévu aux Conditions Particulières) L'assuré doit faire cette déclaration à l'assureur dans les quinze jours qui suivent l'expiration de la période prévue aux Conditions Particulières.

A défaut de déclaration dans le délai prescrit, l'assureur peut mettre en demeure l'assuré par lettre recommandée de satisfaire à cette obligation dans les dix jours ; si, passé ce délai, la déclaration n'a pas été fournie, l'assureur peut mettre en recouvrement, à titre d'acompte et sous réserve de régularisation lorsqu'il aura reçu la déclaration, une prime provisoire calculée sur la base de la déclaration précédente et majorée de vingt-cinq pour cent (25 %) A défaut de paiement de cette prime après présentation de la quittance, l'assureur peut suspendre la garantie, puis résilier le contrat ou en poursuivre l'exécution en justice.

L'assureur se réserve le droit d'exiger, à tout moment, et sous réserve des dispositions des articles L 114-1 et L 114-2 du Code des Assurances, la production des livres et de la correspondance commerciale de l'assuré pour vérifier si celui-ci s'est conformé aux obligations qui lui incombent aux termes du présent article. En cas d'erreur ou omission dans les déclarations servant de base au calcul de la prime, l'assuré devra payer, outre le montant de la prime, une indemnité égale à vingt-cinq pour cent (25 %) de la prime omise. Lorsque les erreurs ou omissions auront par leur nature, leur importance ou leur répétition, un caractère frauduleux, l'assureur pourra répéter les indemnités payées et ce, indépendamment du paiement de l'indemnité prévue ci-dessus.

9.2.5. Définition du chiffre d'affaires

C'est le montant total des sommes hors taxes payées ou dues par les clients de l'assuré en contrepartie d'opérations entrant dans le cadre de l'activité couverte par le présent contrat et dont la facturation a été .

ARTICLE 10 – **Mesures à prendre en cas de sinistre**

En cas d'événement engageant la garantie de l'assureur, l'assuré doit, dès qu'il en a connaissance :

10.1.   Prendre toutes mesures nécessaires tendant à limiter le dommage et à sauvegarder les marchandises. Il doit permettre à l'assureur de prendre toutes mesures identiques sans qu'on puisse lui opposer d'avoir fait acte de propriété ou d'avoir reconnu que sa garantie était engagée.

10.2.   S'adresser, pour les constatations, aux Commissaires d'Avaries et aux Experts Recommandés du Comité d'Etudes et de Services des Assureurs Maritimes et Transports de France (C.E.S.A.M.) aux fins d'expertise ou, à défaut, de tout organisme indiqué à la rubrique "Commissaire d'Avaries et Expert Recommandé" des Conditions Particulières.

10.3.   Adresser ou faire adresser immédiatement une plainte en cas de vol à toute autorité administrative ou judiciaire compétente.

10.4.   Conserver le recours contre les responsables et prêter sans réserve son concours à l'assureur pour engager éventuellement les procédures nécessaires.

10.5.   Déclarer le sinistre à l'assureur comme il est dit à l'article 13 ci-après.

ARTICLE 11 – **Sanctions**

L'inexécution des obligations incombant à l'assuré peut entraîner selon les cas, outre ce qui est déjà prévu à l'article 9.2.4. Ci-dessus :

- la nullité de la police, si l'assureur apporte la preuve de la mauvaise foi de l'assuré (Articles 8.1., 8.2., 8.3.) ;
- la résiliation de la police ou la réduction de l'indemnité (Articles 8.1., 8.2.) ;
- la suspension et/ou la résiliation de la police (Article 9) ;
- la réduction de l'indemnité (Article 10).

ARTICLE 12 – **Formation, durée et résiliation du contrat**

Le contrat est parfait dès sa signature par les parties, l'assureur peut dès lors en poursuivre l'exécution. Il produit ses effets à compter des date et heure fixées aux Conditions Particulières. Les mêmes dispositions s'appliquent à tout avenant au contrat.

La durée du présent contrat est fixée à un an à dater de sa prise d'effet. Il sera reconduit d'année en année, sauf dénonciation notifiée, dans les conditions prévues au dernier alinéa du présent article, par l'une ou l'autre des parties un mois au moins avant l'expiration de l'année en cours.

La durée de la tacite reconduction ne peut en aucun cas être supérieure à une année.

Outre les cas prévus aux articles 8, 9 et 10 et à l'alinéa 2 ci-dessus, le contrat peut être résilié avant sa date d'expiration normale dans les cas et conditions ci-après :

12.1. Par l'assureur ou par l'assuré :

– en cas de transfert de propriété de l'entreprise assurée (Article L 121-10 du Code des Assurances).

12.2. Par l'assureur :

– après sinistre, l'assuré ayant alors le droit de résilier les autres contrats souscrits par lui auprès de l'assureur (Article R* 113-10 du Code des Assurances).

12.3. Par l'assuré :

– en cas de résiliation par l'assureur d'un autre contrat après sinistre (article R* 113-10 du Code des Assurances).

12.4. De plein droit :

– en cas de retrait de l'agrément de l'assureur (article L 326-12 du Code des Assurances) ;

– en cas de résiliation prenant effet pendant la période d'assurance en cours, l'assureur n'a pas droit à la portion de prime afférente à la période postérieure à la résiliation ; il doit la rembourser à l'assuré si elle a été perçue d'avance.

Lorsque l'assuré use de la faculté de résilier le contrat, il peut le faire à son choix, soit par lettre recommandée, soit par déclaration contre récépissé au siège de l'assureur ou à l'Agent auprès duquel le contrat a été souscrit, soit par acte extrajudiciaire, soit par tout autre moyen indiqué aux Conditions Particulières. La résiliation par l'assureur doit être notifiée à l'assuré par lettre recommandée adressée au dernier domicile connu de celui-ci. En cas d'envoi d'une lettre recommandée, tout délai de préavis de résiliation se décompte à partir de la date figurant sur le

CHAPITRE IV – DÉCLARATION ET RÈGLEMENT DES SINISTRES

ARTICLE 13 – Déclaration des sinistres

13.1. L'assuré doit déclarer à l'assureur, dès qu'il en a connaissance et au plus tard dans les deux jours ouvrés en cas de vol et dans les cinq jours ouvrés dans les autres cas, **sous peine de déchéance s'il est établi que le retard dans la déclaration a causé un préjudice à l'assureur**, tous événements et toutes réclamations susceptibles de mettre en jeu la garantie du présent contrat, à moins qu'il ne justifie en avoir été empêché par un cas fortuit ou de force majeure.

13.2. Il doit transmettre à l'assureur, à bref délai, toutes pièces telles que lettres de voiture, récépissés, bordereaux, réserves, convocations, citations, afférents au transport des biens sinistrés et le cas échéant, les réclamations des propriétaires de ces biens.

13.3. L'assuré ne peut, sous peine de déchéance, reconnaître sa responsabilité, régler, arbitrer ou transiger toutes réclamations, renoncer à toutes fins de non-recevoir ou à toutes prescriptions qu'il serait en droit d'opposer ainsi qu'à tout recours qu'il serait en droit d'exercer, qu'avec l'accord préalable et formel de l'assureur.

ARTICLE 14 – **Règlement des sinistres**

Chaque événement fait l'objet d'un règlement distinct, sous déduction de la franchise indiquée aux conditions particulières.

L'indemnité à la charge de l'assureur est payable, en compensation avec les primes dues s'il y a lieu, trente jours après la production de toutes les pièces justificatives de la réclamation.

Toute déclaration frauduleuse faite dans le but de mettre à la charge de l'assureur un montant supérieur à celui qui lui incombe entraîne la déchéance du droit à la garantie pour la réclamation ayant fait l'objet de la déclaration frauduleuse.

CHAPITRE V – DISPOSITIONS DIVERSES

ARTICLE 15 – **Subrogation**

Les droits de l'assuré sont acquis à l'assureur, à concurrence de son paiement et du seul fait de ce paiement.

L'assuré s'engage, si l'assureur le lui demande, à réitérer ce transfert de droits dans la quittance de règlement ou dans tout autre acte séparé.

ARTICLE 16 – **Direction de procès**

Dans la limite de la garantie du présent contrat, l'assureur se réserve l'entière direction du procès intenté à l'assuré, ce dernier s'interdisant de prendre tout engagement qui n'aurait pas fait l'objet d'un accord préalable avec l'assureur.

L'assuré peut toutefois s'associer à l'action de l'assureur s'il justifie avoir un intérêt propre non pris en charge au titre du présent contrat (article L 113-17, 2ère alinéa du Code des Assurances).

ARTICLE 17 – **Prescription**

Les actions nées du présent contrat se prescrivent par deux ans.

ARTICLE 18 – **Attribution de compétence**

En cas de contestation sur l'exécution du présent contrat, le Tribunal Compétent sera celui de l'un des lieux indiqués à l'Article R* 114-1 du Code des Assurances.

BIBLIOGRAPHIE

➢ **Traités, dictionnaires et ouvrages généraux :**
- o Code civil ;
- o Code des assurances ;
- o Code du commerce ;
- o Code des Transports
- o Lexique des termes d'assurance

➢ **Manuels et ouvrages pratiques:**
- o Christophe Paulin, Droit des transports, Lexis Nexis, Litec, AFFAIRES FINANCES, 2005
- o Yvonne Lambert-Faibre et Laurent Leveneur, Droit des assurances, Précis Dalloz, 12ère édition ; 2005
- o Jean-Patrick Marcq; Risques et assurances transports, Les fondamentaux de l'Assurance ; L'Argus de l'Assurance, 2003.
- o Mercadal Barthélémy : Droit des transports terrestres et aériens, Dalloz, 2006.
- o LAMY, droit des transports, Tome I, édition 2011;
- o LAMY, droit des assurances, édition 2008 ;
- o Les documents de base des commissionnaires de transport
- o Les Notes des séminaires en assurance ;

- o Les mémoires du CDMT

➢ **Revues:**
- o Bulletin des transports et de la logistique (BTL),
- o Riskassur-hebdo (revue hebdomadaire des risques et assurances)
- o Assurances et Sécurité (Magazine de l'Association des Sociétés d'Assurances du Cameroun)
- o Les News letters : l'antenne, Mer et marine…

➢ **Sites internet :**
- o legifrance.gouv.fr ;
- o FFSA.fr
- o Sites de plusieurs sociétés et courtiers d'assurance spécialisés en transport
- o Site du CESAM
- o Site du BRS Paris
- o Et autres

Table de matières :

www.ingramcontent.com/pod-product-compliance
Lightning Source LLC
Chambersburg PA
CBHW021602210326
41599CB00010B/570